牧口常三郎の教育思想

古川 敦
Furukawa Atsushi 編

論創社

牧口常三郎の教育思想

はしがき

本書は、牧口常三郎の教育思想に関する基本的なテキスト集にほかならない。しかも、このファイルは、その特異性や現代的意義について、よりいっそう正しい理解が得られるように、できる限りわかりやすく編纂したものである。

テキストは、すべて、『創価教育学体系』(全四巻)のなかから抜粋されている。そして、文意をくみ取るために留意すべき語句等については、注や補注のかたちで、若干のコメントを付け加えさせていただくことにした。

創価教育思想に関しては、これまで、すでに、さまざまな考察がなされてきた。けれども、その実質は、必ずしも、明確にとらえられてはいないように思われる。したがって、何よりもまず、改めて原典を熟読玩味することが、必須不可欠なのである。

とにかく、物事を正しく認識するためには、予断や先入観念を排しながら、あまたの知恵を開発していくしかないだろう。多くの方々のご批判、ならびに、ご指導・ご鞭撻を、衷心よりお願い申し上げる次第である。

二〇一二年一月四日

古川 敦

目次

《凡　例》

一、本書に収められたテキストは、すべて、『創価教育学体系』（全四巻）（以下、『体系』と略記）から抜粋されたものである。底本は、『牧口常三郎全集』（全一〇巻、第三文明社、一九八一〜九六年。以下、『全集』と略記）の第五巻と第六巻によっている。

『創価教育学体系・第一巻』（冨山房、一九三〇年一一月一八日）

〔『全集・第五巻』、三〜二〇一頁。以下、『体系・第一巻』と略記〕

『創価教育学体系・第二巻』（冨山房、一九三一年三月五日）

〔『全集・第五巻』、二〇三〜四一五頁。以下、『体系・第二巻』と略記〕

『創価教育学体系・第三巻』（冨山房、一九三二年七月一五日）

〔『全集・第六巻』、三〜二三二頁。以下、『体系・第三巻』と略記〕

『創価教育学体系・第四巻』（冨山房、一九三四年六月二〇日）

〔『全集・第六巻』、二三三〜四七六頁。以下、『体系・第四巻』と略記〕

二、編集にあたっては、文意を損なわない限り，できるだけ平易な表記に改めた。

ア、「音読」の便宜に資するという意味で、旧漢字は常用漢字に、また、旧かなづかいは現代かなづかいに改め、さらに、一部の漢字はひらがなに置き換えた。
〔例〕①效果→効果　慾望→欲望　第一篇→第一編
②いふ→いう　ゐる→いる　あらう→あろう
③吾々→われわれ　勿論→もちろん　矢鱈→やたら

イ、読みやすさを考慮して、常用漢字に即した送りがなに改め、適宜に読点や中黒（・）を補い、読点を中黒に置き換えたところもある。
〔例〕①表はす→表す　果して→果たして　異る→異なる
②智育ならざる徳育将た体育が→智育ならざる徳育、はた、体育が
教育殊に道徳教育の→教育、ことに、道徳教育の
③文学芸術等の→文学・芸術等の
幸福安楽の→幸福・安楽の
④読、書、算→読・書・算
美、利、善→美・利・善

ウ、旧漢字はもとより、常用漢字であれ、読みづらいと思われるものについては、ルビをつけることにした。

エ、文脈をはっきりさせるために、〔　〕内の語句を挿入したり、あえて改行したところもある。

なお、以上のような編集上の責任は、すべて、編者自身の負うところである。

第一章　教育の目的としての幸福

第一節　子どもたちの幸福

(1)　二〇世紀は子どもの世界

二〇世紀は子どもの世界とは、(1) 誰にでも共鳴さるべき真理として承認されている。これは、従来、家庭においても、社会においても、厄介者《やっかいもの》として片隅に寄せつけられ、圧迫され、虐待され、特別の尊重を与えたつもりの家庭においてさえも、ただ、わずかに、大人のための生活のついでに、衣食住に参加していたくらいの、過去の子どもの社会的位置が、今や、子ども本位、子どものための生活が考えられるようになり、(2) ただに、消極的に、家庭において邪魔者扱いされぬことになったのみか、積極的には、生長のもっとも旺盛なる時期の大切な日中の生活所である学校が、異常に重要視されるようになり、児童それ自身の幸福(3)が、非常に増進したことを意味するのであって、同時に、児童の教育が、非常なる重要性を帯びてきたことを(4)物語るものである。知らず、現今の教育は、どれほどまで、この趨勢《すうせい》に順応しつつあるか。

〔『全集・第五巻』、二八頁〕

（1）二〇世紀は子どもの世界――この文言は、エレン・ケイ著『児童の世紀』（一九〇〇）を想起させるものであるだろう。大正から昭和初期にかけて、進歩的知識人たちの間では、「二〇世紀は児童の世紀になる」との命題が、幅広く知られていたのである。

エレン・ケイ（一八四九～一九二六）は、一九世紀後半から二〇世紀初頭にかけて活躍した、スウェーデンの女性教育者・文明評論家。子どもたちの自然な発達こそが支援されるべきである、と主張。「新ルソー主義」ともいわれる教育思想は、世界各国に大きな影響をもたらした。

『児童の世紀』は、たちまち一一か国語に翻訳されている。わが国においても、（大村仁太郎訳編）『二〇世紀は児童の世界』（一九〇六）、（原田実訳）『児童の世紀』（一九一六）などが出版され、いわゆる新教育運動の基礎的な文献として読まれていたのである。

なお、ケイの志向性を斟酌すれば、「児童の世紀」よりも、むしろ、「子どもの世紀」とする方が、よりいっそう的確なのではないだろうか。

（2）今や、子ども本位、子どものための生活が考えられるようになり――子どもというのは、長らく、大人たちに従属するものである、と考えられてきた。少なくとも、一八世紀における「子どもの発見」（ルソー）に至るまで、その存在自体がほとんど尊重されてはいなかったとしても、決して過言ではない。

ところが、一九世紀には「子ども期」が刮目されはじめ、二〇世紀になると、子どもたちは「社会の宝」であることが次第に意識されるようになる。しかも、少子・高齢化が深刻な雰囲気を醸し出している二一世紀には、「子どもたちのための社会」の創出が不可欠であるとの認識が、着実に広がりつつあるのである。

（3）児童それ自身の幸福——これが、まさしく、牧口教育思想の「α（アルファ）」であり「ω（オメガ）」にほかならない〔本書一一頁のテキスト「被教育者それ自身の幸福」を参照〕。

「子どもたちの幸福」が第一義的な目的でなければ、いかなる教育事業も絵空事になってしまうことになる。それは、「教育のための社会」を建設する際に銘記されねばならぬ、根本的な精神なのである。

ちなみに、牧口は、「学校が、異常に重要視されるようになり、児童それ自身の幸福が、非常に増進した」と記しているけれども、昭和初年のころ、わが国の実情は、まだまだ憂慮に堪えないものであったはずである。ゆえに、そうした論述は、原著者の内面に抱かれた、深くて強き「志」の表れではないか、と推察することも可能である。

（4）児童の教育が、非常なる重要性を帯びてきたこと——ここは、一往、学校教育、なかでも、とくに、初等教育のあり方が、以前とくらべて特段にクローズアップされてきている、ということ。そして、再往の辺では、教育そのものが、知的・文化的な側面のみならず、政治的・経済的な面でも、社会的に重要なファクターになったことを、意味している。

世界各国の近代公教育は、一九世紀の半ばから二〇世紀の初めにかけて、おおむね、国家主導のもとに制度化されてきた。それゆえ、学校は、常に、「権力」の集中と分散、「富」の蓄積と分配などと、無関係ではいられない。だからこそ、教育の「政策」・「行政」・「財政」が、徐々にではあるが確実に、社会の行く末を大きく左右するようになっているのである。

（2）教育目的観の明確化

現在までの教育には、不確実なる目的を、あたかも確実なるもののごとくに誤認してきた、大なる誤謬《ごびゅう》がある。[1] 国民教育[2]の膨大な組織ができあがっていながら、その目的観が不確実であったことは、何としても不可思議の現象である。今や、吾人《ごじん》は、この問題を明確に究明し認識しなければならない。それには、社会がいかなる目標をもって子弟を教養せんと念願しているかを、静視することが肝要である。それには、少なくとも、二つの方面があると考える。これは、家庭において、父母は、その子に対して、いかなる希望を持っているか。また、国家社会は、その次代の要素に、いかなることを要求しているか。この二つについて、事実を観察し検討することである。(3)

ある論者は国家のためといい、また、ある者は父母のためという。しかし、それは、果たして、子どもを愛する父母の純真・率直なる希望であるであろうか。真に子どもを愛する父母ならば、決して、子どもを自己の幸福の手段とは考えまい。もちろん、子どもの教育は、特殊の場合でない限り、常に、父母の幸福をもたらすためである。……また、社会が被教育者に対する態度は、まさに、父母がその子に対すると同じ関係であるべきである。一方のみの利益を慮《おもんぱか》って、被教育者をその手段視することは、結局、二者ともに、破滅の淵に臨むものである。社会が要求する目的は、同時に、個人が伸びんとする目的と一致せねばならぬ。すなわち、真正の目的は、一方が他方を手段とすることなく、一方の生存目的は、他方においても、当然として受け入れられるものでなくてはならぬ。

すなわち、国民あっての国家であり、個人あっての社会である。[4] 個人の伸長・発展は、やがて、国家社会の繁栄であり、充実であり、拡張であり、これに反して、個人の縮小は、すなわち、国家の衰微であり、勢力の減退である。国家社会は、原素の結合によって栄え、分離によって衰え、解散によって消滅するものである。

以上の所論によって、読者は、教育の目的定立にあたり、もっとも関心を持つものは、世の父兄と国家社会であることに、着眼されたこととおもう。無自覚なる被教育者には、目的定立を要求するだけの能力はない。小学校の児童はもちろん、中等学校以上の生徒・学生でも、彼らは何人《なんぴと》かの要求に強制されて、否《いや》や応《おう》の弁別なしに、一定の年齢に達すれば就学せしめられる。教育の要求者は、要求者それ自体の生命の維持・存続のためにする社会と、自己生命を存続のためというよりは、自己の延長たる愛児の将来のためにする父母とである。要するに、児童それ自身の将来の自存のためと、社会それ自体の生存の存続のためとの両方の要求から、教育という社会的大計画の活動が現れて、[5] 今や、文明国の社会生活のもっとも重要なる仕事として意識されるまでになっているのである。すなわち、父母は、その衣食住という直接〔的な〕生命維持の問題が解決されるや否や、他のすべての仕事を後まわしにしても、他のすべての快楽を犠牲にしても、ないし、あらゆる苦痛を忍んでも、子どもの教育に生活費の大部分を惜しまぬような状態が、現代である。国家は、従来、家庭や、市町村等の部分的社会がおこなっていた事業を引き受けて、次第に、大規模に統一的に組織的に教育事業を遂行するようになって、今や、国民教育として、世界各文明国の議会におけるもっとも重要なる問題の一つとして予算面に現れ、また、その政策は、各政党の掲ぐる重要なる政綱の一つとなった。

教育に対する要求が、かくのごとく変遷した以上は、おのずから、その目的観においても、変遷を生ずるのは当然の道行きである。

〔『全集・第五巻』、一一三〜一一五頁〕

（1）現在までの教育には、不確実なる目的を、あたかも確実なるもののごとくに誤認してきた、大なる誤謬がある。――教育は誰のためなのか。また、教育は何のためなのか。原著者は、これらの問いに関する共通理解が、依然として、明確には得られていなかったことを、あえて指摘しているのではなかろうか。

（2）国民教育――このことばは、まことに意味深長である。したがって、その本来的な意義を正しく見きわめようとするのであれば、二重にも三重にも心して、熟慮を加えなければならない。

なるほど、民主主義がとりあえず確立された今日、「国民」とは、国家社会を構成している主権者たちのことをさす。そして、教育は、人々が、共同生活のために必須な物事を学んで、自主的・自立的な存在へと発達することを、目的とするのである。

しかし、わが国の歴史をふりかえってみると、事態は、必ずしも、そうであったわけではない。なぜかと言えば、「国民」ならびに「国民教育」は、素直に読み解く限り、「国」があってこその「民」であるという、「国家主義」を如実に反映するものである、ととらえられるからである。

ところで、牧口の場合は、どうであったのか。テキストを読み進んでいけば、おのずと明らかになるごとく、彼は、ひとりひとりの「国民」を、権威・権力に服従するよりも、社会を支える主体者として位置づける。短兵急に論じることはできないが、少なくとも、個々の人間存在のありようを強く意識していたことは、たしかであるように思われる。

【↓補注1】

（3）教養せん——次代の社会を担う青少年に対して、生活に必要な事柄を伝授し、一人前の人間に育てあげる。そのうえ、さらに、より良き方向へ導いて、豊かな心を培えるように支援する、ということ。ここでは、それぞれの子どもたちが身につける知識・技能や理解力・表現力などの総体ではなく、大人社会の側からなされる意図的作用のあり方が、着目されているのである。

（4）国民あっての国家であり、個人あっての社会である。――これは、「生命の尊厳」と「個人の人格の尊重」にもとづいた、人間主義的表明にほかならない。そして、軍国主義への傾斜が本格化した時代のさなかに、全体主義でも無政府主義でもない、真の民主主義を希求する声をあげるのには、確固不抜の勇気が不可欠であったにちがいないのである。

（5）児童それ自身の将来の自存のためと、社会それ自体の生存の存続のためとの両方の要求から、教育という社会的大計画の活動が現れて――ここは、「個人の幸福」と「社会の平和・繁栄」とが両立せねばならぬ、という意味に解せられる。ゆえに、教育の目指すところは、それら両者を有機的に結びつける、社会的に価値ある人材を輩出することに存しているのである。

(3)　被教育者それ自身の幸福

教育の目的観は、あくまで、被教育者それ自身の幸福(1)という点に、常に定着しておらねばならぬ

〔『全集・第五巻』、一二二頁〕

教育の目的たるべき文化生活の円満なる遂行(2)を、如実《にょじつ》に言い表す語は、幸福以外にはないであろう。これは、われわれが、数十年来の経験からも思索からも、これこそ、すべての人の希望する人生の目的を、もっとも現実的に、率直に表現したもので、しかも、妥当なるものである、と信ずるのである。すなわち、被教育者をして幸福なる生活を遂げしめるように指導するのが、教育である。

教育者や教育を希望する父兄などが、自己の生活の欲望のために、被教育者を手段とするのでなく、被教育者それ自身の生活を教育活動の対象となし、その幸福をはかるをもって、教育の目的とするのである。反言すれば(3)、被教育者の生長・発展を、幸福なる生活のなかに終始せしめんとするのでなければならぬ。ジョン・デューイ氏(4)が「生活のために、生活において、生活によって」というたのは、われわれ教育者の味わうべき語である。

〔『全集・第五巻』、一二四頁〕

（1）被教育者それ自身の幸福――教育の目的は、「子どもたちの幸福」にある。すなわち、「被教育者をして幸福なる生活を遂げしめるように指導するのが、教育」なのである。しかも、それは、現在はもちろん、将来においても、ということであるだろう。それゆえ、子どもたちが、自分の力で、自分らしく、「幸福なる生活」を勝ち取っていけるように、かたわらから援助していくことが、大人社会に求められているのである。
（2）文化生活の円満なる遂行――これは、日々の経験をふまえてさまざまな知恵を開発し、時代と社会に応じて合理的に生活する、人間としての賢いさまを表しているのではないか。なぜなら、「幸福に生きる」というのは、物質的・外面的な豊かさを享受することよりも、むしろ、各人が、周囲の環境や状況のいかんにかかわらず、精神的・内面的な強さを十二分に発揮することであるからだ。
（3）反言すれば――念のため、くりかえしていえば。
（4）ジョン・デューイ――J・デューイ（一八五九～一九五二）は、二〇世紀における新教育運動の理論的基礎を確立した、アメリカの哲学者・教育学者。プラグマティズムを探究するとともに、一八九六年には、「実験学校」として、シカゴ大学附属小学校（デューイ・スクール）を開設。そこでの実践をもとに、『学校と社会』（一八九九）を著し、徹底した自由主義と個人主義的原理を体した、進歩主義教育思想の源流を形成。子どもを主体とする経験主義・生活中心主義の教育、そのうえ、さらに、教育による社会の改造を意図する理想主義的志向性は、各国の教育のあり方にも多大な影響を及ぼした。他著に、『私の教育信条』（一八九七）、『民主主義と教育』（一九一六）、『経験と教育』（一九三八）、などがある。

彼の著作は、わが国にもいち早く紹介されており、「大正自由教育運動」の基盤を形成することになる。たとえば、『学校と社会』は、明治三四年（一九〇一）の上野陽一訳、明治三八年（一九〇五）の文部省（馬場是一郎）訳、大正一四年（一九二五）の田制佐重訳があり、『民主主義と教育』については、大正七年（一九一八）に（田制佐重訳）『民本主義の教育』が、大正八年（一九一九）には（帆足理一郎訳）『教育哲学概論――民本主義と教育――』が出版されている。

また、デューイは、大正八年（一九一九）の二月から三月にかけて来日し、いくつかの大学で講義・講演をおこなった。『哲学の改造』（一九二〇）は、東京帝国大学で実施された公開講義（八回）の内容がまとめられたものである。【↓補注2】

第二節　自他ともの幸福

(1)　児童現在の幸福

しばしば、教育は大人になってからの生活を準備するものであってはならぬ、と唱導される。これは、素朴なる教育観にとらわれ、読み書き算用(1)ができさえすれば、それで沢山だとか、今日の学校教育が一向〔に〕役に立たぬとかいう、世俗の批評に迎合附和《げいごうふわ》(2)した教育態度に対する反動として唱導された教育観である。教育者が、ややもすれば、近視眼的実用主義に堕して、成長の後の需用のみを考えるところから(3)、児童等〔の〕現在の生活には直接何の関係もない、したがって、彼らには、興味も起こらず、理解もできないことを、いつかは役に立つ時期がくるにちがいないとして、やたらに詰め込む傾向――中等学校(4)における英語科のごときはその適例で、そんなことは、現在、中・小学校の教材を捜せば、その数の多きに一驚《いっきょう》する――を排撃しようとする思想で、たしかに一顧すべき意見に相違ない。

もしも、いつかは滋養になる時期がくるにちがいないから、今は嫌でも食べておけといって、子どもの嗜好《しこう》にも適せず、消化力にも過ぎた食物を、強いて食べさせる親があったとしたならば、人はそれを何というであろうか。幸い、それが、無用の長物として、単に胃腸に吸収されず、そのまま消化器を素通りして排泄《はいせつ》されるならば、たといそれが厄介物であっても、無害として看過されることであろう。しかし、それが、不消化のまま腹の中に停滞していて、後から這入《はい》ってくるものの通過の邪魔をなしているとしたら、果たしていかん。もし、また、さらに、それが腐敗して、毒素を醸成したとしたら、果たしていかん。早速生命に関係する事柄であるから、いかに無理解の父母といえども、そんな妄挙《ぼうきょ》(5)をなすものはないのである。この生理学上においてはなはだ見易《みやす》い道理が、心理学上においては直接急速にその反応が現れないために、一般に危険視されない。それゆえに、近年やかましくなったとはいっても、依然として、小学から大学まで、役に立たぬ知識の屑《くず》を無暗やたらに詰め込むという、記憶本位の注入主義(6)が横行しているのを、いかんとすることもできずに、傍観の姿にあるのは、慨歎《がいたん》(7)の至りではないか。

しかし、欠陥のよって生じてきた原因を静観するならば、そこに、被教育者の幸福の胚胎《はいたい》(8)を信ずる、近視眼的の教育者および父兄の心理を、看取せざるを得ないのである。

前述のごとく、教育は未来の生活準備ではない。けれども、まったく生活の準備であってはならぬということも、断言はできない。何となれば、これは、教育学者が命令するわけにはいかぬ点である。よし、学者が命令的の権威をもって力説しても、父母も児童も、それに服従すべき性質のものではない。要するに、児童現在の幸福[9]を顧みずに、かつ、こうして教育しておけばいつかは未来に幸福となるだろうという、不確定の目的を目指して進んではいけないということになれば、何人もこぞって、これを認めるところとなるであろう。もし、しからば、一般承認の可能性があると信ずるのは、当然ではないか。

〔『全集・第五巻』、一一六～一一八頁〕

（1）読み書き算用――これは、日常生活において必要とされる、三つの基本的な知識・技能（読み・書き・計算）のこと。それら（Reading, Writing, Arithmetic）を総称して、スリー・アールズ（3R's）という。わが国では、しばしば、「よみ・かき・そろばん」にたとえられている。

（2）迎合附和――「迎合」は、相手が気に入るように、その人の意向に合わせたり、機嫌をとったりすること。「附和」は、何の理由もなく他者の言説に賛成したり、きちんと考えもしないでその行動に従ってしまうこと。

（3）近視眼的実用主義に堕して、成長の後の需用のみを考える――目先の有用性の見地から、将来の生活に役立つと考えられる物事の学習を重視する、との意。

（4）中等学校――旧制度下における中等段階の学校は、主に、中学校、高等女学校、各種の実業学校、師範学校などであった。そして、中等教育の機会は、大正九年（一九二〇）から昭和五年（一九三〇）までの一〇年間に、左記のごとく拡張されていたのである。

	大正九年（一九二〇）		昭和五年（一九三〇）	
中学校	三六八校	約一七万七千名	五五七校	約三四万六千名
高等女学校	五一四校	約一二万六千名	九七五校	約三四万二千名
実業学校	六七六校	約一三万六千名	九七六校	約二八万九千名
師範学校	九四校	約二万七千名	一〇五校	約四万四千名

〔『日本近代教育史事典』参照〕

（5）妄挙――道理にかなっていない振る舞い。むやみに行動すること。

（6）記憶本位の注入主義――原著者は、生活の役に立たぬ断片的な知識の詰め込みこそが、わが国の教育が行き詰まってしまったおおもとの原因である、と洞察する。創価教育学の目的は、それを克服しうる普遍的な教育法を開発することにあったわけである。〔『全集・第六巻』、二八二〜二八三頁、および、三四一頁参照〕

（7）慨歎――世の中の好ましくない状態について、まことにこまったものだと、いきどおったり（慨）、うれいなげいたり（歎）すること。

（8）胚胎――みごもる、または、はらむ。転じて、物事の基となるものが起こり始まるきざし。

（9）児童現在の幸福――子どもたちが将来において幸福な生活をいとなむことができるためには、まずもって、現在の生活が、そうでなくてはならないはずである。けれども、実際のところは、家庭や地域社会や学校のいずれもが、このことをしっかりと意識していない。そこに、教育問題の深刻さの一端を、かいま見ることができるように思われるのである。

（2）自他ともに幸福なる生活

教育は、無意識に暮らしている社会的生活を意識的に計画的に遂げさせて、幸福ないし安楽の境界《きょうがい》(1)に達せしめんとするのである。しからば、その幸福・安楽の目的に向かっての、意識的・計画的なる社会生活とは何か。

衣食住一切の供給から生命財産の保護までも、ことごとく、国家社会の団体生活のおかげでないものはない。社会という有機体(2)のなかにあって、その保証をうけてでなければ、一刻たりとも、生命の維持はできないほどに、社会団体の無量の恩恵に浴していながら、毫《ごう》もこれを意識しないで、かえって、わずかばかりの不便・不自由に対して、遠慮なく不平不満を漏らして平気でいられる程度の、社会生活に無意識なる低能者(3)を指導して、おのが貴重の生命を托《たく》し、社会の広大無辺の力によりて、はじめて安楽・幸福の生活ができるものであるということを感ぜしめ、それによって社会意識を喚起せしむるのみならず、いかにせば自他ともに幸福なる生活を遂げることができるか(4)との研究工夫をうながし、結局、共存共栄という社会生存の法則、すなわち、社会道徳を尊重して、銘々がそれに順応して生活するほかに途《みち》のないことを悟らせ、できうべくんば、率先して感恩報謝の貢献的生活(5)に入り、もって、幸福・安楽の共同生活をいとなむことのできる円満平穏なる社会の創造に努力せしめんとするのが、計画的教育の期待するところである。しからば、いかにして、かくのごとき計画的なる社会生活の遂行に導くべきか。

まず、社会という有機的結合団体の本質を、知らしめ認識せしめるのにある。社会は、いかにして生活しているか。要素たる各個人が、いかに結合して団体を組織しているか。こうしてできあがった団体は、各個人の力の総量よりは、さらにはるかに大なる力を現し、要素たる各個人の生活を保証し擁護しつつあることを、意識せしめ悟らしむるにある。

教育は、社会の一員として生活することにより、各種多方面より無量の恩恵によって生存していながら、毫もこれを意識していない人間（いわゆる個人的生活者）を、いわゆる意識的社会生活者となすこと、すなわち、何らかの形式において、その隣人に対し何かの利益を与えて、自己の受けつつある無量の恩恵に報謝して、円満なる生活をなすことのできる人間を造るのが、主要なる目的である。

教育は個人を社会化すること、[6] デュルケム氏[7]の「教育は未成年者の秩序的社会化ということである。……新時代は、もっとも迅速なる方法によりて、これら利己的・非社会的なる新参者を、道徳的・社会的なる生活に導くべき、ある他のものを附加しなければならない」こと。以上の仕事をその本職とするところの教育者は、何をおいても、まず、自己の日常生活をなすに、自己の所属する社会に順応するとともに、何らかの貢献をなしうるようにしなければならぬ。

公生活の組織のなかに生存し、その恩恵に浴するにあらざれば毫もできないところの、私生活ばかりを意識して、一向〔に〕公生活の恩恵を意識せずに暮らしているものが多い。したがって、権利だけは遠慮なく主張はするが、義務についてはまったく無頓着に暮らしている。その者を教育して、公生活すなわち社会生活を意識せしめ、これに順応して、自他ともに、個人と全体との、共存共栄をなしうる人格に引き上げんとするのが、教育である。社会生活というと社会主義(8)とでも誤解するものがあるかもしれないが、社会生活すなわち公生活と解して、二者は名称は異なるが、その実は同一内容である。このことが明らかになってくれば、公生活に異論のないことを社会生活に否定することは、道理上からも、学的良心(9)からも、できないはずである。要するに、教育は、無意識なる社会生活を意識的に、模倣的ないし独断的なる社会生活を計画的・合理的〔な〕社会生活に導くことをもって目的とする、ということができよう。

〔『全集・第五巻』、一四一〜一四三頁〕

（1）境界——仏教用語で、何らかの因と縁にもとづく果報として、各人が受ける境遇。この世におけるそれぞれの立場、身の上。「境涯」とほぼ同義。

（2）社会という有機体——多くの部分が一定の目的のもとに組織化されて、部分と全体とが必然的な関係によって結ばれているものを、「有機体」という。そして、生物有機体との類比を介して、統一的な全体としての社会は各要素間の有機的な結合によって構成されていると説明するのが、社会学成立期の一般的な理論とされていた、「社会有機体説」なのである。牧口がたびたび論及しているA・コントは、それを代表するものである、といえるだろう。

社会とは、人間どうしが、相互作用を展開しながら、緊密な関係を築き上げることによって成り立つものである。しかも、全体社会と要素としての各個人との関係は、可能な限り調和的であることが望ましい。したがって、牧口によれば、社会は、「有機的結合団体」なのであり、なかんずく、「人間の精神的結合体」〔『全集・第五巻』、一四五頁〕である、と位置づけられることになる。

なお、牧口は、「社会とは、共通の目的を有し、多少恒久なる精神的関係において、一定の土地に集合し、相ともに生活する諸人の一団体なり」〔『全集・第五巻』、一四八頁〕、と定義づけている。そして、これは、『人生地理学』「第三編地球を舞台としての人類生活現象」・「第二三章社会」の論述〔『全集・第二巻』、一九六頁参照〕を、そのまま再録したものなのである。

（3）社会生活に無意識なる低能者――これは、社会生活を円満にいとなむことが、なかなかできない人のこと。「低能」というのは、自己中心的で、共同・協力が容易に成し遂げられないようすをさしている。知的ないし精神的な発達が遅れている人のことではない。今日では差別用語になるが、当時は、ほとんど抵抗なく使われていたようである。

（4）いかにせば自他ともに幸福なる生活を遂げることができるか――「真の幸福」とは、自分だけがしあわせであれば、ほかのことはどうでもよいという、「利己主義の幸福」〔『全集・第五巻』、一二九頁〕などではない。それは、社会の一員として他者と苦楽をともにし、「円満なる社会生活」をなすことによってはじめて、勝ち取ることができるものなのである〔『全集・第五巻』、一三二頁参照〕。

自他ともに、個人と全体とが共存共栄しうる、「公生活」を遂行する。教育の成否は、そういう意識的かつ計画的・合理的な社会生活者を、輩出しうるかどうかにかかっているのである。

（5）感恩報謝の貢献的生活――人間の生活様式は、その発達の度合いによって、三過程もしくは三時期に区別できる、と牧口は論じている。〔『全集・第五巻』、一八四～一八五頁参照〕

一、無自覚的無我生活＝受力の生活―依他的生活
二、自覚的私我の生活＝自力の生活―独立的生活
三、超自覚的公我の生活＝授力の生活―貢献的生活

しかも、それらは、「生活力の消長」に応じて、左記のように再構成されているのである。

一、依他的生活 ｛貰受的生活／掠奪的生活｝
二、交換的生活＝｛経済的生活／政治的生活／教化的生活｝
三、貢献的生活

ちなみに、牧口は、「道徳においては、社会意識にもとづく貢献的生活」〔本書一二一頁。『全集・第六巻』、三四〜三五頁〕が基礎になる、と述べている。なぜかと言えば、公正な秩序を建設していくためには、周囲の人々に感謝し、その恩に報いることを肝に銘じながら、社会全体の繁栄・幸福を常に念頭において、それ相応の積極的な寄与をなす、主体的・建設的な人材が、必須不可欠だからである。〔『全集・第五巻』、一八五〜一八六頁参照〕

（6）教育は個人を社会化すること――ここでいうところの「社会化」（socialisation）とは、各々のメンバーがより良く生きていけるように、それぞれの社会の文化（価値・規範・生活行動様式など）に則して、さまざまな知識・技能・性向などを習得させることを意味している。なかでも、とくに、ヒトとして生まれた人間の子どもが、社会的に成長・発達して、一人前の大人になっていく、教育の過程が注目されているのである。

そこで、原著者は、主張する。教育の眼目は、子どもたちが、「幸福ないし安楽の境界」または「安楽・幸福の生活」を、実現することにある。したがって、教育という意図的作用は、放っておけば自己中心的な生活に終始しがちな個々人を、ともどもに、なかよく・たのしく生きていけるように、育成していくことにほかならない。すなわち、「教育は、無意識なる社会生活を意識的に、模倣的ないし独断的なる社会生活を計画的・合理的〔な〕

社会生活に導くことをもって目的とする」のである。

この点については、本書四九頁の注（3）「個人の社会化」も参照せられたい。

（7）デュルケム──E・デュルケム（一八五八〜一九一七）は、フランスの社会学者・教育学者。研究対象としての「社会的事実」の独自性を見いだし、それを実証的に把握せんとする固有の社会学的方法論を確立して、《歴史法》と《比較法》を駆使する事例研究をもおこなった。主著に、『社会分業論』（一八九三）、『社会学的方法の規準』（一八九五）、『自殺論』（一八九七）、『宗教生活の原初形態』（一九一二）、などがある。

意外なことかもしれないが、デュルケムが大学等で担当した講義や演習は、その三分の一ないし三分の二が、教育に関するものであった。そして、彼は、社会にとってみれば、教育は、みずからの存続の可否にかかわる本質的な条件を子どもたちの心のなかに準備する、まさに、そのための手段である、というのである。

また、デュルケムは、『体系』（全四巻）を通じて、もっとも回数多く登場する人物なのである。牧口は、『社会分業論』や『教育と社会学』（一九二二）、『社会学と哲学』（一九二四）などの訳書をじっくりと研鑽し、批判的かつ発展的に咀嚼していっている。しかも、近年の調査によれば、『道徳教育論』（一九二五）の原本を、入手していたことがわかっているのである。

なお、本テキストでは、デュルケムの考察をふまえて、教育作用は、「利己的・非社会的」でありがちな子どもたちが「道徳的・社会的なる生活」を遂行できるまでに導くこと、ととらえられているのである。【↓補注3】

（8）社会主義——ここでは、「資本主義」の矛盾を克服するために、生産手段の社会的所有を土台とした、階級対立のない社会体制の構築を目指す、思想や運動のことをさしている。牧口自身も、青年時代に、『人生地理学』（一九〇三）との関連で、「社会主義」について学んだ時期があった、と記しているのである〔『全集・第六巻』、二二一〜二二三頁参照〕。

わが国では、一九二〇年代にあたる、大正期の後半から昭和初年にかけて、労働運動や農民運動などが活発化し、マルキシズムへの関心も高まって、「社会主義」の理念が若き知識人たちの心をとらえるようになっていた。だが、それは、あくまでも反体制のイデオロギーと見なされて、当局からは警戒されていたのである。

（9）学的良心——これは、「真理の認識」において心すべき真摯な姿勢を、わかりやすく表したものである。要するに、普遍の真理の探究には、自他ともに対して正直かつ誠実であることが、まずもって要請されるわけである。

「学的良心」は、牧口が好んで用いたことばの一つであり、『体系』（全四巻）のなかでは、八回（ほかに「学者的良心」が一回）にわたって登場する。いわば、創価教育学それ自体が、そうした精神の賜物であるとしても、決して過言ではないのである。

（3） 競争生活と共同生活

人生の一面は生存競争であり、他面は共同生活である。(1) 同じ人間が、夙《つと》に(2)、社会にあって、一方に醜い競争生活をして、修羅《しゅら》の巷《ちまた》(3)を演出しているかと思うと、他方には好ましき共同生活をいとなんで、菩薩の世界(4)を顕《あらわ》している。かように、唾棄《だき》(5)すべき醜い競争の生活と、崇敬すべき美しい共同生活とが、一身にも一社会にも、同時に包容されているのは、いかにも不思議でならないと、思い煩っていたことが数十年つづいていた。(6) ところが、ここにはじめて、それの何ゆえかを意識することを得て、同時に反省もし、指導もするの論拠を得たような心持ちがするに至った。それは、次のとおりである。曰《いわ》く、個人意識のみに競争生活は伴い、社会意識に伴って共同生活が顕れるのだ、ということである。そこで、個人意識しかなくて、自己の生存しか考える余地のないものに、いくら道徳をすすめても、畢竟《ひっきょう》[7]、無効である。いわゆる道徳生活といわれる共同親和の生活を奨励せんとするには、何よりもまず、社会意識を喚起するにあり、と。社会意識を喚起するだけの知能のないものは、よし、共同生活すなわち道徳的生活を強いても、畢竟、模倣に過ぎない。そ〔れ〕は、無意識的模倣の生活は、外形だけ道徳に合致していても、心は常に生存競争を脱する能《あた》わざるものである〔からだ〕。

自分の短所を自覚し、他人の長所を見いだすことのできるだけの知能のある人、しかして、相手の長所を利用し、自分の短所について恐怖心を抱かぬだけの余裕のある人でなければ、完全なる共同生活を他人といとなむことはできない。他人の長所を利用して、自己の短所を補うとともに、他人の短所を補うのに、自己の長所を惜しげもなく提供するだけの雅量のある人でなければ、また、完全なる共同生活者たることはできない。他人の長所を利用するのみに依頼して、これに価するだけの長所のない人間は、結局、他人の生活に寄生するに留まって、自分が他人に寄生されるを好まぬと同様に、他人に軽んぜられて永久の共同はできない。たとい親戚・故旧[8]の間で、仮りに共同生活が成り立ったとしても、それは永続するものではない。

これら相互間の性質を、明晰《めいせき》に比較考慮して、恒久的の信用がたがいに確立した後においてのみ、はじめて完全なる共同生活ができるものである。
道徳教育(9)は、生存競争のみを意識している低級の生活様式のものを、共同生活を意識して、これを好みこれを楽しむような、高等な生活様式の人間に変化するように指導するにあるとするならば、まずもって社会意識の喚起をうながし、以上のごとき比較考察の指導と訓練をなさねばならぬ。果たして、しからば、学校における社会生活は、これがための天与の環境といわねばならぬ。

〔『全集・第五巻』、一八〇〜一八一頁〕

(1) 人生の一面は生存競争であり、他面は共同生活である。——世の中は、「醜い競争生活」と「好ましき共同生活」との、二つの様相を呈している。しかも、それらは、個人においても、社会においても、「同時に包容されている」のである。

そして、「個人意識のみに競争生活は伴い、社会意識に伴って共同生活が顕れる」。ゆえに、社会意識を喚起するということが、教育に求められているのである。

ちなみに、ここでは、個々人の「意識」すなわち人間の内面の問題が、するどく浮き彫りにされている。なぜなら、法律を定めたり、制度・機構等の改革がなされても、肝心の主体である人間の心が変わらなければ、すべては水泡に帰してしまうからである。
（2）夙に――幼いときから。または、ずっと以前から。
（3）修羅の巷――「修羅」は、阿修羅もしくは修羅道の略。自我意識に強くとらわれて、物事を正しく見ることができず、常に争いを巻き起こしてしまうような生命状態（へつらい曲がれる心）のことをいう。また、「巷」は、さわがしく混乱しているところ、世間などをさす。したがって、「修羅の巷」は、生きるか死ぬかの激しい戦いや、見苦しい争いなどが起きている、その場面・場所を意味している。
（4）菩薩の世界――「菩薩」は、菩提薩埵《ぼだいさった》の略（「菩提」はさとり、「薩埵」は有情の生命）。大乗仏教では、仏道修行にはげむ衆生。なかでも、とくに、エゴイズムを克服し、他者のためにも精進しうる人のことをさしている。よって、「菩薩の世界」とは、人々が、ともどもに、おたがいの幸福を願って、共同・協力の生活をいとなんでいるありさまである、といえるだろう。
（5）唾棄――つばをはく。ここは、つばを吐き棄ててしまいたいほど、いみきらい、軽蔑すること。
（6）思い煩っていたことが数十年つづいていた。――ここの文言は、牧口自身が、青年時代から、個人と社会の関係に着目してきたことを、暗示しているのではないか。「個人意識しかなくて、自己の生存しか考える余地のないものに、いくら道徳をすすめても、畢竟、無効である。」との洞察は、社会学的探究の所産であるにちがいないのである。

（7）畢竟——つまるところ。結局のところ。

（8）故旧——長い間、親しくつきあっている人。昔からの知り合い。旧いなじみ。

（9）道徳教育——牧口は、「学校における社会生活」それ自体が、「道徳生活といわれる共同親和の生活を奨励」する、「天与の環境」である、ととらえている。そして、これは、学校が、共同体の担い手を育む場であり（デューイの『民主主義と教育』）、人間どうしの「協同の精神」を培うところである（デュルケムの『道徳教育論』）、という考え方と、軌を一にするものなのである。

第三節　人格価値

(1)　人格価値の概念および等級

吾人《ごじん》がここに論議の対象としているのは、人格的価値ではなくて、人格価値(1)である。というのは、人格らしき価値ではなくて、人格そのものの価値を意味するのである。人間が社会生活をなしつつあるときに、所属の社会団体の生活に対する積極的か消極的かの、ある関係性を意味するのである。世間には、往々、人格的価値という名称が見受けられるが、吾人の不敏か、その何の意味たるやを判然と解しかねる。そ〔れ〕は、人格様の価値というものの、あろうわけもないからである。

所属社会においてもよいがおらぬでも不足なしという人間は、いわゆる可もなく不可もなしという平凡な存在であって、ことによると、一朝有事の日(2)にあっては、おることがかえって不可となって、その在ることが他の共同生活機関の進取的活動を阻害するような存在である。

平時において人並みに仕事を他人と共同でする場合に、平凡の人物が全力を注ぐのと、非凡の人物が半力を注ぐのとは、外観上に何の差異もないが、一朝有事の場合、すなわち、人々のすべてが全力を注がなければならない、いわゆる真剣の生活をしなければならない場合には、はじめて、人格の価値ないし真価の全部がその社会に顕《あらわ》れ、そして、正当に評価されるものである。

大いなる国家社会においてはもちろん、市町村でも学校でも学級でも、いやしくも人類の自然的団体である以上、必ず、少なくとも左の三階級に区別されるものである。これは、通俗には、上・中・下、または、優・中・劣等の名称をもって区別される、人格の三等級(3)の内容をなすものである。

一、おることを一般から希望される人。泰平無事のときにはさほど問題にされなくても、一朝有事の場合に、もしも彼がおったならばと追慕される性質の人で、常に社会の結合的勢力として存在する者。

二、彼がおっても悪くはないが、おらぬでも大した影響はないという人。いわば、ほとんど仲間から存在を認められていないほどの、平凡人。

三、彼あるがために困っている。希《ねが》わくばおらざらんことを、と嫌われている人。そのさらにはなはだしきは、公然〔と〕社会から嫌忌《けんき》されているところの罪悪人で、常に社会を脅威するもの、すなわち、とかく分解的勢力として存在する者。

和気清麿のような人、西郷隆盛のような人(4)、ないし、いやしくも歴史上に遺《のこ》って、今なお多少なりとも尊敬の的となっているものは、すなわち、第一階級の人で、平素、平穏無事の世にあっては大した注目はひかないが、一朝有事の場合に、せめて彼がかようの場合におってくれたならば、相当の役に立つであろうと、何となく世人から信頼と敬慕の念をもって迎えられるものが、それである。一学校でも一学級にでも、必ず、指導の地位に立つものがある。人望を一身に集めるところのものは、自己一身の生存問題を意識せずに、一歩進んで、所属社会の全体に注目して仕事をしているもので、その人格の社会的価値が大多数に認められ、功績として称讃され、尊敬をうける結果となるのである。一方には、彼あるがために社会の平和が害され、所属社会に何らの貢献もせずに、社会の厄介《やっかい》になっているうえに、損害までもかけ、危険を感ぜしめる人がある。このように、有形無形に少なからぬ損害を与えているものを、前者に比較すれば、等しく人間に生まれて、非常なる差異といわねばならぬ。社会の生存は、生物の本能たる種族保存の大目的からの必然的なもので、また、何人《なんぴと》もの目的である。そこで、社会は、その生存上から、人間を価値づけて、それぞれの階級に区別し、それに応じてそれぞれの待遇をなし、あるいは尊敬し、あるいは非難し、あるいは制裁する。

ギディングス氏[5]の社会学における左記の分類は、叙上の意を得たものであると思う。

一、背《はい》社会的階級　二、非社会的階級　三、偽社会的階級　四、社会的階級

仏教における地獄・餓鬼・畜生・修羅・人間・天上・声聞・縁覚・菩薩・仏の十界[6]に至っては、さらに深く人類の精神的生活の階級を区別したもので、われわれが自己を内省し他を観察するとき、その非常なる緻密には驚歎《きょうたん》を禁じ得ないのである。

〔『全集・第五巻』、三七二〜三七四頁〕

(1) 人格価値——これは、「創価教育思想」におけるキー・ワードの一つ。「人格価値」とは、各人それぞれの社会的評価、社会的な存在価値のこと。その高低・上下・優劣は、「目的観の大小」と「人格統一力の強弱」とによって判定されることになる〔次のテキスト「人格価値の要素」(本書四〇〜四四頁) を参照〕。

ここでは、さしあたり、人格そのものが、具体的に、わかりやすく、三等級に区分され

ている。そして、原著者は、「社会は、その生存上から、人間を価値づけて、それぞれの階級に区別し、それに応じてそれぞれの待遇をなし、あるいは尊敬し、あるいは非難し、あるいは制裁する。」、と述べているのである。

（2）一朝有事の日――「一朝有事の場合」とも表記されている。「一朝」とは、ひとたび、一旦の意。「有事」とは、事変や戦争などの、非常の事態をさしている。

（3）人格の三等級――いかなる社会的団体であれ、そこに所属している人間は、「人格価値」の観点から、「いてほしいと望まれる人」（上）、「いてもいなくても、どちらでもよい人」（中）、「いては困ると嫌われている人」（下）などの、三類型に立て分けられる、ということ。

ただし、それらは、あくまでも概念的な区別であり、各々の人物の評価を固定化してしまうものではない。なぜかと言えば、誰しもが、みな、おのずから、三つの側面を同時的に有しているからである。

（4）和気清麿のような人、西郷隆盛のような人――いずれも、肝心なときには必ずいてほしいと望まれる、第一等級の代表者として名前が挙げられている。

和気清麿（わけのきよまろ、七三三～九九）は、備前（岡山県）の出身で、奈良時代末期から平安時代初期にかけて活躍した貴族、政治家。「清麻呂」とも書く。一度は、皇位継承にまつわる権力闘争に敗れ、流刑の目にあったが、後に、再び召し抱えられて、光仁・桓武の両天皇に仕え、平安遷都にも尽力した。

西郷隆盛（さいごうたかもり、一八二七〜七七）は、旧薩摩藩士。通称は吉之助、号は南州。本名は、八代目西郷吉兵衛隆永。幕末・明治維新の時期に、長州の桂小五郎や薩摩の大久保利通らとともに、歴史回天の重要な役割を果たした政治家。戊辰戦争のときには、官軍の大総督府下参謀として東征し、江戸城の無血開城にひとかたならぬ寄与をなしている。その後、新政府内では陸軍大将・参議をつとめたが、明治六年には、政治方針のくいちがいをきっかけに、下野して、鹿児島へ帰郷。同一〇年、「西南の役」に敗れて自刃した。

（5）ギディングス――F・H・ギディングス（一八五五〜一九三一）は、初期アメリカ社会学の中心者の一人。最初の社会学専任教授（コロンビア大学、一八九四）。心理学的社会学の基礎を築くとともに、統計的方法に依拠した調査主義の先駆もなしている。主著に、『社会学原理』（一八九六）、『人間社会の科学的研究』（一九二四）など。

ギディングスによれば、社会の本質は心的現象にほかならない。しかも、それは、「模倣」や「契約」よりも、むしろ、「同類意識」にもとづいた、個々の人間どうしの心的結合に求められるわけである。

牧口は、すでに、『人生地理学』「第三編地球を舞台としての人類生活現象」・「第二四章社会の分業生活地論」のなかで、（遠藤隆吉訳）『社会学』（一九〇〇）の文章を再現するかたちで、人間を四階級に分類する手法について、論じているのである。〔『全集・第二巻』、二三一～二三二頁参照〕

一、社会的階級　同類意識が著しく発達し、かつ、善良なる社会的関係に積極的に貢献しうる個人より成る。

二、非社会的階級　狭猛なる個人主義に拘泥する人より成る。

三、偽社会的階級　生来の貧人および習慣的なる貧人より成る。

四、背社会的階級　遺伝的および習慣的の悪人より成る。

なお、この場合の「社会的」とは、「人と人とが内面的につながりあって、そのきずなを大事にしながら生きている」、というふうに読んでいけばよいのではなかろうか。

（6）仏教における地獄・餓鬼・畜生・修羅・人間・天上・声聞・縁覚・菩薩・仏の十界――十のカテゴリーに分類される、衆生の生命状態。「十法界」ともいう。

各々の人間が、外界のさまざまな縁に触れて、瞬間瞬間のうちに顕現する、内面的な境地のありようを表したもの。「九迷一悟」といわれるように、地獄界から菩薩界までが迷いの状態であり、仏界が悟りの状態である、とされている。

また、人間界・天上界までを、日常生活のなかに埋没している「六道」（地獄・餓鬼・畜生を「三悪道」、修羅を加えると「四悪趣」）とし、声聞・縁覚・菩薩・仏は、仏道修行にはげむ「四聖」に位置づけられている。そして、「四聖」のなかでも、仏はさておき、自行・自利に終始する「二乗」（声聞・縁覚）と、利他の実践に精進する「菩薩」は、厳然と区別されているのである。

（2） 人格価値の要素

人格価値のもっとも重要なる要素は、目的観念の等級と〔人格〕統一力の強弱とである、と信ずる。[1]

人格の高低・上下と評価する観念の内容を分析して、われわれは、そのなかに種々なる要素を見いだすことができることは、前述のとおりであって、[2] その中核をなすものは、その人の理想に描くところの目的観念の相違である。その目的観が思想結晶の中心をなし、それによって種々なる体系にできあがるらしいからである。思想は、あたかも、六方体・八面体等のごとき、鉱物の結晶に比すべきものであろう。

この中心をなす目的観に、左の三階級がある。

一、個人の生存を最高の目的と考え、これを中心として一切の行動をなす者。

二、個人生活以上になお大なる生活体があって、個人はその一部であり、一要素であり、個人の生活はこの大なる生活体の状態に常に支配されるものである、という見解をもって一切の行動をなす者。

三、右の中階段の間に位して、個人はこれを意識するが、社会という団体を、たとい明瞭でないにせよ、これを認めているものと、しからずして、単なる自己以外には相手をなす個人だけはこれを認めるけれども、その結合体たる社会を意識し能《あた》わざるもの、との二種がある。

前述階級を左のごとく反言すれば、いっそう明瞭となろう。

一、単なる自己主義の人生観――社会を自己生存の手段と見る人。

二、自己以上の社会について明瞭なる観念なく、したがって、それとの関係について意識せぬ人。
三、社会を意識してはいるが、正当でなく、誤解か曲解かによって、自己が万能であり、社会はその意志に従属するものと考える人。社会と自分を不対等に見る人。
この第三のなかに、さらに次のような階級を区別することができよう。
(1) 社会を自己と対等の勢力や、価値に見る人。もしくは、その価値については明確なる考えのない人。
(2) 社会を明らかに自己以上の勢力のあるものとし、これに対するに敬虔《けいけん》の念をもってする人。
自然または造化[3]の勢力に対して、異常の敬虔の念を有する人でありながら、社会的有機団体に対しては、案外に無知の人もある。
また、この第二段の階段の人においても、その眼界[4]に左のごとき程度が区別される。
イ 地方的団体に制限される人。
ロ 党派的団体に見解が制限される人。
ハ 国家に制限されて、それ以上に及ばぬ人。
ニ 国家以上の国際間に及ぶ人。

ホ　国家の観念のない世界的という空虚の観念に陥っている人。ある宗教家などの、人間社会を認めるのみにして、国家を超越した宇宙観をその生活の原理となす人と、その性質において等しい。

以上の考察の方面を変えると、次の二種の区別を見いだすのである。

甲　中心の充実して、次第にひろがりゆく階級。

乙　中心が空虚で、宇宙観が次第にせばまりゆく人。

人格価値の要素としての人格統一力の強弱は、精神と肉体との統一、心身両方面ともに、部分と部分、全体と部分との統一調和、ことに、精神方面において時を異にする前後に矛盾のないこと等は、重大なるものである。彼《か》の「言行不一致」として、共同から非難を受けるがごときは、明らかに、人格の不統一を表し、信用確立の障害をなすもので、孔子の「言に吶《とつ》にして行に敏なれ」の句(5)のごときは、この人格分裂の傾向を誡《いまし》めたものである。

かかる人格分裂の現象はいかにして生ずるかは、実際教育に実に大関係があるにもかかわらず、一向〔に〕研究されずにある問題であるが、畢竟《ひっきょう》、意志の強固をうながす原動力と見なさるべき目的観念の明確に加うるに、方法観の明確と、その根柢をなす生理的生活

のであろう。

の鞏固《きょうこ》(6)と、運動神経と感覚神経の並行的・調和的〔な〕発育とを、重大なる要件とするもの〔『全集・第五巻』、三八四〜三八七頁〕

(1) 人格価値のもっとも重要なる要素は、目的観念の等級と〔人格〕統一力の強弱とである、と信ずる。——原著者の論述を要約すると、次のようになる。

第一に、「目的観念の等級」に関して。

人間は、それぞれの目的観によって、すなわち、行動主体の内面世界の広がりに応じて、次の四段階に分類することができる。

一、自分自身のことしか考えない、自己主義の人。

二、自己と他者との個人的な関係は意識するが、有機的結合体である社会との関係については意識しえない人。

三、社会を意識していても、自己と社会との関係について、正当には考えられない人。

四、社会に対して、敬虔の念を持つことができる人。

しかも、第四の場合、社会的な団体もしくは組織体が、五つの層に区別されているのである。

地方的団体　党派的団体　国家　国際社会　国家の観念を超越した人間社会

第二に、「人格統一力の強弱」に関して。

具体的には、その人の発言と行動とが一致しているか否かによって、見きわめることができる。要するに、いかなる時と場合であれ、「身・口・意」のバランスが、それ相応に堅持できているかどうかが問題なのである。

たとえば、自身の言動に責任を持つのであれば、「自立」を認めることができるだろう。そのうえ、さらに、主体的・自発能動的な振る舞いをなすとなると、「自律」の評価が可能なのである。

（2）前述のとおり――本テキストは、『体系・第二巻』「第三編価値論」・「第六章人格価値」の「第三節人格価値の要素および人格教育」から抜粋されたものである。それゆえ、「前述のとおり」とあるのは、第六章の「第一節人格価値の概念および等級」と「第二節人格価値の判定」における考察をさしているのではないか（『全集・第五巻』、三七二～三八二頁参照）。なかでも、とくに、本書三三～三六頁のテキスト「人格価値の概念および等級」（第六章・第一節の前半部分）を、丹念にふりかえっていただきたい。

（3）造化——一般的には、万物を創造し育成する、あるいは、また、それをおこなう主体（造物主＝神）のこと。万物を造り出す原動力や、天地を司る理法を表す場合もある。ここは、後者の意に解して、差し支えないだろう。

（4）眼界——目に見える限りの広がり、ないし、その境界。視界。または、考え方や見方の及ぶ範囲。視野。

（5）孔子の「言に吶にして行に敏なれ」の句——孔子（前五五一〜前四七九）は、古代中国、春秋時代の末期において、魯の国に生まれた、学者・思想家・教育家。儒家の祖。堯・舜・文王・武王・周公らを尊崇し、古来の思想を大成。「仁」を道徳の理想とし、それを実現するには、「孝悌」と「忠恕」とが不可欠である、と主張した。

魯に仕えたのは五〇歳を超えてからであるが、政争に巻き込まれて失脚したことをきっかけに、それから一四年にわたり、弟子を率いて諸国を歴遊して、治国の道を説いている。しかしながら、「徳」に依拠した社会秩序を樹立するという理念は、なかなか受け容れられはしなかった。結局、晩年は帰郷し、将来を見すえて、門弟の教育と古典の編纂に専念することになる。

教育は、学問と道徳とを兼ね備えた、君子の育成を目的とする。だから、指導は、知識を身につけるだけではなく、他者のための行動が伴うように、なされなくてはならない。

「言に訥にして行に敏なれ」（論語）は、そのことを端的に象徴するものである。つまり、ことば巧みであるよりも、口べたで、発言がままならなくてもよいから、とにかく、素早く適切に行動を起こしうることが、本格派の人材の要件とされているわけである。

（6）鞏固――とても強くて固いこと。しっかりしていて、たしかであるような状態。「強固」よりも、さらに意味が深められているのではなかろうか。

（3）価値ある人格の育成

創価教育六大指標[1]

自然の個性

一　感情の理性化
二　自然の価値化[2]
三　個人の社会化[3]
四　依人の依法化[4]
五　他律の自律化
六　放縦の統一化

文化の人格

〔『全集・第六巻』、一一二頁〕

（1）創価教育六大指標――ここでは、生来的な「自然の個性」をふまえたうえで、「豊かな社会性」を体した「文化の人格」を培っていくための、「創価教育原理」が明かされているのである。

そして、「文化」とは、カルチャー（culture）の原義どおり、内面を耕した結果としてもたらされる人間性の輝きを、示唆しているように思われる。それは、デュルケムが『フランス教育発達史』（一九三八）のなかで表明しているところの、「教育の本来的な機能は、何よりもまず、ひとりひとりの人間の心を耕し、わたしたち自身の内面に存在している全人類的な価値（humanité）の萌芽を発達せしめることである。」〔J-C・フィユー編（古川敦訳）『デュルケムの教育論』行路社、二〇〇一、四頁〕との言説と、見事に符合するものであるにちがいない。

なお、不思議なことに、「創価教育」ということばは、『体系』（全四巻）をとおして、ほんの数回しか登場していない。原著者は、この語を用いるのに、ことのほか慎重を期していたのではないだろうか。【↓補注4】

（2）自然の価値化――「自然」とは、生まれたままの、いまだ人の手が加えられていない状態。「価値化」とは、所与の諸事物・諸要素を、より良き方向へ変革しようとすること。それゆえ、「自然を価値化する」というのは、子どもたちが有しているさまざまな資質を、「自他ともの幸福」のために生かしていくことを意味している。

（3）個人の社会化――教育の目的は、ひとりひとりの子どもが、それぞれに、「幸福なる生活」を成就することにある。しかも、それは、「円満なる社会生活」をいとなむことによって勝ち取られるものでなければならない。〔『全集・第五巻』、一三〇～一三二頁参照〕したがって、教育の真のねらいは、「個性の伸長」よりも、むしろ、「社会性の開発」に向けられているのである。なぜなら、多くの人々とのきずなを堅持して、みずからの内面世界を広げることこそが、自分らしく生きることにつながっていくからである。〔本書二五～二六頁の注（6）「教育は個人を社会化すること」を参照〕

（4）依人の依法化――子どもたちが、勝手気ままな欲望や意向にふり回されず、道理や法則にのっとって生きていけるようになること。これは、「依法不依人」（法によって人によらざれ）という、涅槃経の文によっている。

原著者は、この原理を、とりわけ大事にしていたようである。実際のところ、「依法不依人」は、『体系』（全四巻）のなかで、七回にわたって登場するのである（第一巻で一回、第二巻で四回、第三巻では二回）。

創価教育学とは、人生の目的たる価値を創造しうる人材を養成する方法の、知識体系を意味する。(1)

人間には、物質を創造する力はない。われわれが創造しうるものは、価値のみである。いわゆる価値ある人格とは、価値創造力の豊かなるものを意味する。(2)この人格の価値を高めんとするのが教育の目的で、この目的を達成する適当な手段を闡明《せんめい》せんとするのが、創価教育学の期するところである。(3)

〔『全集・第五巻』、一三頁〕

(1) 創価教育学とは、人生の目的たる価値を創造しうる人材を養成する方法の、知識体系を意味する。――創価教育学は、人生は価値の追求であると喝破した、幸福哲学によっている。それは、「子どもたちの幸福」のために展開される具体的な教育実践に着目し、人材養成法の普遍的な原理を探究するのである。

言い換えると、創価教育学の焦点は、教師の教育技術を改善しゆく、経験科学的な考察に存している。しかも、その「知識体系」は、人間がなしうる最高級の価値創造作用を、研究対象とするものなのである。

（2）いわゆる価値ある人格とは、価値創造力の豊かなるものを意味する。――後に詳しく触れるように、「価値創造力」とは、「美醜・利害・善悪」という「価値判定の標準」に照らし合わせて、醜をふせぎ美をあらわし、害をへらして利をふやし、悪をとどめて善をなす、人間それ自身の生産的・建設的な行為の力量をさしている。すなわち、「価値ある人格」とは、いずれの時、いかなる場面においても、状況に左右されず、「美・利・善」の価値を自在に発見・創造していく、社会的に有為な人材のことをいうのである。〔本書九三～九四頁のテキスト「価値の分類」を参照〕

（3）闡明――はっきりしなかった意味とわけを、明らかにする。あるいは、また、むずかしい意義や道理を、わかりやすく説明する。

第二章　創価教育の目指すもの

第一節　教育の経済化

(1)　五項目の指針

一、教育の経済化によって、能率が増進されねばならぬ(1)。これを目標として、教育政策と教育技術の両方面に(2)、今の教育が改革されるならば、教育力(3)（教授力・学習力・経費・時間等）は少なくとも半減されるはず、と信ずる。

二、盲目的・自然的の教育法が拋棄《ほうき》され(4)、明目的《めいもくてき》計画的系統的の文化的教育法によって施設経営がなされ、知行合一《ちこうごういつ》(5)の主義によって価値創造力が涵養《かんよう》(6)されねばならぬ。

三、前項の重任に堪えるだけの優秀教員を得んがために、教育者が優待されるとともに、精選されねばならぬ。小学校長登用試験制度論(7)と、師範教育根本的改革案(8)とを提出するゆえんである。

四、教育制度も教育方法も、生産的・創価的に改革されねばならぬ。不生産的なる怠惰者、即神経衰弱患者(9)の発生が防止されねばならぬ。それがためには、生緩《なまぬる》い実業教育振興策くらいでは、まだ姑息《こそく》である。(10) 真の実業教育(11)は、非実業的な教育家の手からこれを戻し、実業家自身をしてなさしめねばならぬ。これ、身心平衡・専門普通の教育並行の趣旨による、半日学校制度(12)の主張をなすゆえんである
五、社会学的社会観(13)により、学校が一個の社会として経営されて、教育、ことに、道徳教育の源泉とならねばならぬ。
〔『全集・第五巻』、五～六頁〕

(1) 教育の経済化によって、能率が増進されねばならぬ。——これこそ、まさしく、創価教育学の第一義的な目標にほかならない。つまり、二から五までの項目は、すべて、第一項から派生し、そこに収れんするのである。
このことは、たとえば、第四項のなかで提唱された「半日学校制度」について見てみると、より的確に把握しうるように思われる。なぜかと言えば、牧口は、「能率増進の目的をもって教授法の改革」をはかれば、「従来の一日分を半日で修めしめること」ができる、と確信していたからである〔本書六八～六九頁。『全集・第六巻』、二〇九頁参照〕。

ちなみに、「経済化」とは、文字どおり、できるだけ無駄をはぶき、負担を軽減させる

こと。実際のところ、教授力や学習力の経済は、コメニウス（一五九二〜一六七〇）以来、おおよそ三百年もの間、教育方法改革の大原則とされており、わが国の近代教育発達史上においても、しばしば注目されていたのである。

（2）教育政策と教育技術の両方面――教育の改造を成し遂げるためには、制度の構築や行財政のあり方などに関する国家社会の政策的な手だてと、子どもたちとじかに接する現場の教師の教育技術との、絶えざる改良・改善が一体不可分である、ということ。

「国家社会の教育政策」については、『体系・第三巻』「第四編教育改造論」の全体を、「教師の教育技術」については、『体系・第四巻』「教育方法論」の「第三編教育技術論」を、それぞれ参照していただきたい。

（3）教育力――通常は、学習指導ならびに生活指導の能力、ないし、教育作用によってもたらされる何らかの効果のこと。しかしながら、ここでは、「教授＝学習」にとって不可欠とされる、資源・エネルギーの総体（労力・費用・時間等）を、意味しているのである。

（4）抛棄――投げすてる。捨て置く。または、自分の権利などを行使せずに、喪失してしまうこと。普通は「放棄」と表記するのであるが、この場合は、どちらかと言えば、

「はなつ」よりも「なげうつ」ことの方が、とくに強調されているのではないだろうか。

（5）知行合一――知性の練磨と日常の行動とが、調和・一致していること。いわば、「学問と生活の一体化」を示唆するものである。必ずしも、陽明学に結びつける必要はないだろう。

（6）涵養――水が大地に自然としみこんでいくごとく、無理をせず、ゆっくりと、養い育てること。

（7）小学校長登用試験制度論――牧口は、「優良なる小学校長」が増加することを切望し、『体系・第三巻』「第四編教育改造論」・「第四章小学校長登用試験制度論」〔『全集・第六巻』、八八～九八頁〕の冒頭で、次のように論じているのである。

「小学校をして円満に社会が要求する教育を遂行せしめるためには、これを統督すべき小学校長に、教育材料上の知識と教育方法上の知識・技能とのほか、学校統督上の知識・手腕等に一定の制限を加える目的をもって、相当の検定制度を設け、その制限範囲内において小学校長を選定することを主張するのが、本論の趣旨である。それが、近来ますます激烈になってきた校長運動の弊害をいかにして芟除《さんじょ》するかという、教育改善全般にわたる中枢問題たるがゆえである。」

(8) 師範教育根本的改革案――「教育の改造の根柢は教師」である、と牧口は断言する。なぜなら、教師の人格・力量が高められなければ、「他のいかなる機関を改良しても、結局、改善は不可能であって、枝葉末節の修繕に過ぎない」からである。〔『全集・第六巻』、九八頁参照〕

師範教育改革案の詳細については、『体系・第三巻』「第四編教育改造論」・「第六章(甲)師範教育改造論」〔『全集・第六巻』、一〇八～一三〇頁〕を参照せられたい。

(9) 神経衰弱患者――今日的に言えば、ノイローゼと称せられる、神経症をわずらっている人のこと。ただし、ここでは、怠惰な生活に終始して、あまりにも自己中心的で、社会的には何の役にも立たない人をさす。要するに、そのような人物は、肉体的な面での運動能力も、精神的な面での社会的な感性も、ともに十分発達しておらず、それら双方の神経がはなはだ弛緩しているか脆弱である、と見なされているのである。

(10) 姑息――「姑」は「しばらく」の意。当座は何とか息をつけるかもしれないが、すぐにでも駄目になってしまうようす。その場しのぎの、間に合わせ。一時のがれ。

(11) 真の実業教育――「実業教育」とは、中等教育機関として位置づけられる各種の実業学校でおこなわれていた、職業教育のことをさしている。すなわち、それは、主として、工業・農業・商業などの分野で何らかの生産的な仕事に従事する、ある程度の専門的な労働者を養成するものであった。

実業学校は、明治三二年（一八九九）二月の「実業学校令」によって制度化され、明治三三年（一九〇〇）の時点では一四三校であったが、大正四年（一九一五）には五五一校になり、昭和五年（一九三〇）には九七六校へと増大する。しかも、大正一三年（一九二四）以降、実業学校の卒業生たちは、旧制中学校と同等以上の学力を持つものと認められるようになった。〔『日本近代教育史事典』参照〕

ところが、大正末から昭和初年にかけて、日本の社会は深刻な経済不況に直面し、実業学校に対しても、さまざまな批判が加えられることになる。そこで、当局は、昭和五年（一九三〇）に、諸規程を改正して、教育機会を拡張したり、実習時間を大幅に増加させるなどの、実業教育振興策を打ち出しているのである。

しかしながら、牧口は、それだけでは、まだまだ不十分である、と述べている。職業教育は、どちらかといえば、学校の授業よりも、各種の職場において、実業家自身によってなされる、実際的な修練を主体とすべきである、と主張するのである。

（12）半日学校制度──牧口は、「小学校より大学までのすべての学校における学習生活を、半日制度にせよ」〔『全集・第六巻』、二〇七頁〕、と提起する。その最大の理由は、「勤労に堪えるだけの訓練を、少年時代より始めて青年時代に及ぼし、学校と家庭と提携することによって、勤労嗜好の習慣を養成せしめんとするにある。」〔本書一四〇頁。『全集・第六巻』、二一三頁〕のである。

詳しくは、『体系・第三巻』「第四編教育改造論」・「第一〇章半日学校制度論」〔『全集・第六巻』、二〇七～二三二頁〕、なかでも、とくに、本書六六～七〇頁のテキスト「教育能率の増進」と一三九～一四二頁のテキスト「半日学校制度の意義」を参照していただきたい。【↓補注5】

(13) 社会学的社会観——原著者が、「社会学的社会観」の重要性について言及するのには、おおまかにいうと、二つのポイントがあるのではなかろうか。

一　教育の目的は「子どもたちの幸福」であり、それは「自他ともの幸福」であるから、必然的に、社会的な要素を考慮することが大切になってくる。〔『全集・第五巻』、一二七～一三二頁参照〕

二　学校は「共同生活をなす模型的の社会」であるから、集団としての学校や学級に関する考察も、積極的に進める必要がある。〔『全集・第六巻』、三三五～三三六頁参

照〕

かくして、「道徳教育」それ自体が、根本的に見直しされねばならないわけである。

(2) 自然的教育法と文化的教育法

われわれは、まず、自然的教育法と文化的教育法とを区別して、考察を進めんとする。字を書かせ、文を綴《つづ》らせ、朱筆を加えて直してやる等、まずさせて見て、個別的に指導するような、不経済な教育法[1]は、誰でも容易に考えつき、どこの国民でも自然とおこなっている方法で、人類の発明したもっとも原始的な生活型式の一つである。あたかも、海浜の漁民が釣りで取る以上に、網の利用さえも知らんでいるのと、山間の農民が祖先伝来の鋤鍬《すきくわ》をもってする以上に、便利な器具のあることも知らんで耕作しているのと、進化の程度において大差なく、昔のままに、反省も思索も加えた形跡はない。文化国民の生活型式[2]としては、恥辱《ちじょく》でないか。

人間の教育が、こんな無造作に遂行されるものなら、国定教科書[3]等もできている今日、書生を集めてきてもできよう。今までの師範教育[4]だけでも、沢山かも知れぬ。ことさらに、面倒くさい教育法などの必要はない。打破すべき画一も入らねば、とらわれがちの形式も無用。誂《あつら》え向きの自由教育(5)でもこと足り、天下は至って泰平無事であるであろう。

ところが、時勢は進んだ。今までは怪しむものも無かったようだが、あらゆる生活の各分野に、合理的・経済的の方法が要求されつつある今日、ひとり教育のみが除外されるわけはない。いくら世間離れの別天地であっても、今少し何とか工夫が出そうなものでないかとの怨嗟《えんさ》(6)が、教育に対する社会の不満として現れ、それが教育界の不安となって反映しているので、充分察することができるではないか。

この渇望《かつぼう》に応じて出現しなければならないのが、すなわち、文化的の教育法(7)で、合理的もしくは科学的の教育法とも名づけられ、前者に対立すべきものである。

したがって、この方法は、彼《か》の産業合理化(8)などの要求に応じて、研究され改良されたすべての生活方法と同様に、目的の観念が明確になり、それに至る方法手段が確立されたもので、これにのっとりさえすれば、非常に堪能《かんのう》(9)な経験家でなくとも、相当の熱心と素養さえあれば、容易《たやす》くかつ経済に、教育の目的を達することのできるものでなければならぬ。

創価教育学が、果たして、その条件に適《かな》うか否かは、本書の全体(10)を通覧することによって、おのずから、判定せらるべきであろう。

〔『全集・第五巻』、一三〜一四頁〕

(1)不経済な教育法——「教授＝学習過程」における労力・費用・時間などがふんだんに必要となり、その割にはそれ相応の成果が得られない、きわめて不合理な教育の仕方。

(2)文化国民の生活型式——ここでいうところの「文化」とは、日常の具体的な経験に関する反省と思索のなかから何らかの知恵を見いだして、それを実際生活に役立たせる、より合理的な生き方を示しているのではないか。換言すれば、「文化的」であるかどうかは、明確な目的とともに、豊かな学習能力を、堅持しているか否かにかかっているのである。

(3)国定教科書——国家権力の側から民衆の思想統制をはかるために、文部省が著作・編纂した初等教育用の教科書。明治三六年(一九〇三)四月、「小学校令」が改正される際に、「小学校ノ教科用図書ハ文部省ニ於テ著作権ヲ有スルモノ及文部大臣ノ検定シタルモノニ就キ小学校図書審査委員会ノ審査ヲ経テ府県知事之ヲ採定ス」(第二四条)との規定が施され、翌明治三七年(一九〇四)四月から使用されることになる。

最初は、修身・国語(読本・書き方手本)・日本歴史(後に国史と改称)・地理だけであったが、明治三八年(一九〇五)からは算術・図画、明治四三年(一九一〇)からは理科が加えられている。そして、これらの教科書が、改訂を重ねながら、敗戦に至るまで用いられていたのである。

（４）今までの師範教育――ここの「師範教育」とは、明治五年（一八七二）の「学制」から、第二次世界大戦後の教育改革までの間、師範学校で実施された、初等教員養成課程のこと。明治一九年（一八八六）に、初代文部大臣となった森有礼のもとで、「師範学校令」が公布されたころから、国家目的に従うかたちで、きびしい制約が加えられていた。

ところで、牧口は、「師範教育」の問題点について、次のように指摘する。

「従来の教員養成の観念では、教授材料たる学力の素養さえあれば、教師の職業は完全に遂行ができるものという、素朴なる見解から、技術的要素はほとんど眼中に入れず、わずかばかりの職業指導を加えるのみであった。」〔『全集第六巻』、一一二～一一三頁〕

つまり、それまでの教師養成は、教育方法上の知識と教育技術の練磨がとりわけ不十分であった、というのである〔『全集第六巻』、四五七頁参照〕。

そこで、彼は、「知識および創価の活動を指導する方法上の知識ならびに熟練と、師範という名称に相応する道徳人格の修養、および、それらの基礎として、ある程度の学識を要すること」〔『全集第六巻』、一一二頁〕が、小学校の教師にとって不可欠であることを訴える。最終的には、「教育についての信・行・学の統合渾一」（人格の修養法たる南無妙法蓮華経の信仰・教育技術の実習および熟練・教育技術に関する科学としての教育学の研究）が肝心である、と主張するまでになるのである〔『全集・第六巻』、四四六頁参照〕。

（5）誂え向きの自由教育――「自由教育」とは、子どもたちの個性を尊重し、自発的な活動をうながして、人間性の全面的な開花を目指す指導法のことをさしている。大正期「新教育運動」の総体を、示唆する場合もある。また、「誂え向き」というのは、できる限り子どもたちの望みのままに応じていく、どちらかと言えば、無計画・無方法なやり方を、いささか揶揄しているのではないだろうか。【↓補注6】

（6）怨嗟――うらみなげくこと。または、その音声。ちなみに、「怨」は、うらみ、ないし、うらむこと。「嗟」は、なげいたり、悲しんだりすること。

（7）文化的の教育法――この場合の「文化的」とは、成功・失敗のいずれであれ、日々の教育実践のなかから見いだされる原理・原則を、具体的な指導の過程に生かしていく、まことに賢いさまをいう。そして、ここでは、「文化的」であることと「合理的もしくは科学的」であることが、同義であるととらえられている。すなわち、目的と内容と方法とが合致すると、しかるべき熱意と素養がありさえすれば、学習ならびに生活指導は、「容易くかつ経済に」展開されるようになるのである。

（8）産業合理化――これは、大正末期から昭和初期にかけての経済的な不況のさなか、盛んに唱えられた標語である。原著者は、無駄をなくして効果をあげる「合理的な教育法」の必要性を理解せしめるために、このことばをあえて援用したのにちがいない。

（9）堪能――学芸の道に深く通じていて、とても上手なこと。十分に満足するという、「たんのう」ではない。

（10）本書の全体――ここのテキストは、『体系・第一巻』「第一編教育学組織論」・「第一章緒論」のなかから抜粋したものである。したがって、「本書」とは、直接的には、『体系・第一巻』のことであるだろう。だが、今日からふりかえって見ると、それは、『体系』（全四巻）を意味しているのではないか、とも考えられるのである。【↓補注7】

（3）教育能率の増進

しかして、また、教育学研究の、なお一方面の注意として見逃すべからざることは[1]、教育社会の一大要求であり、したがって、教育の原理たるべき経済的教育観[2]に、没交渉であるということである。経済的教育とは、教師の教授能力、児童の学習能力、その他種々なる教育全般に、無駄のないということである。教師の学習した結果が、その職業に役立つということは、児童の教育に経済的であるということで、すなわち、学習力の経済であるとともに、教授力の経済であるということを意味し、これが、教育学研究のもっとも重大なる原動力であらねばならぬ、と思う。さもなくば、真に真面目なる研究ができないのである。いたずらに虚飾をてらう[3]、学問のための学問であるならば、とうてい、いつまでたっても、真剣味の研究はできないものである。

〔『全集・第五巻』、二六～二七頁〕

（1）教育学研究の、なお一方面の注意として見逃すべからざること――それは、教育学研究の焦点が、教授力と学習力の経済にある、ということにほかならない。しかも、このテキストの直前では、その前提として、まず第一に、教師の経験から帰納し統合した、実際の教育生活に役立ちうる、「科学的な教育学」が建設されねばならぬ、と論じられているのである〔『全集・第五巻』、二五～二六頁参照〕。

（2）教育の原理たるべき経済的教育観――「教育の経済化」によって、労力・費用・時間などが軽減されればそれだけ、教師にとっても、子どもたちにとっても、肉体的・精神的な余裕がもたらされ、「教授＝学習」は、よりいっそう効果的なものになるのである。

なお、ここの「経済的教育観」ないし「経済的教育」と、本書の七九頁や八五頁に登場する「経済的教育」（利育）とのちがいには、注意を喚起しておいていただきたい。

（3）虚飾をてらう――見えを張り、外面ばかりを飾りたて、自慢げに見せびらかしたり、おのれ自身がひとかどの人物であるかのごとくに振る舞ったりすること。

過去半世紀の教育制度の経験に徴した改革案として、吾人は、半日学校制度をもって、もっとも適当と信ずるものである。(1) ここに半日学校制度を提唱するゆえんは、この行き詰まったわが邦《くに》の教育制度の弊害を救済するにあたって、当然起こりきたるべき教育大改革の激動をもっとも緩《ゆる》やかにして、その損害・不安を少しでも減少せんとするのにある。今、その概要を述べよう。

一　小学校より大学までの学校における学習生活を半日に制限することであるが、これには、能率増進の目的をもって教授法の改革をはかり、従来の一日分を半日で修めしめることを前提とする。余が創価教育学は、主として、これがための研究(2)で、その完成のうえは、優に半日をもって一日分の能率を挙げうることを確信するものである。もちろん、創価教育学体系の後編および各論(3)において、これが法案の発表を期しているのである。

二　国家経済(4)の大眼目から、校舎および教師の労力を、午前・午後および夜間と、二部ないし三部に利用し、もって、現在の学校の門に殺到する多数の学生・生徒を収容して、いわゆる試験地獄(5)の一掃を期し、校舎に要する費用の負担を軽減することであるが、それよりも、なお重大なる理由がある。

三　被教育者をして、半日は学校生活に、他の半日は生産的の実業生活に、送らしめんとするのである。すなわち、学校生活外の半日を、あるいは父母の職業を手伝わせ、あるいは力相応《ちからそうおう》の職業に従事させ、あるいは他日の生活に関係ある専門の学習にしたがわせ、あるいは特別なる個性に応じた教育または体育を施すものにして、徒食《としょく》遊惰《ゆうだ》(6)のできぬように、官民協力、挙国一致、奨励および制裁を設けんとするのである。

四　かくして、試験地獄の一掃とともに、当然最後にきたるべき職業難(7)に陥らしめぬように、在学中から準備的の筋肉訓練をなさしめんとするのである。

以上はその概要であって、一般的普通教育とともに専門的職業教育を小学校時代よりすでに並行して施す代わりに、学生生活を単に少・青年の時代に限定せずに、成年期まで延長せんとするのである。すなわち、小学校より大学まで、または、それ以後の成人教育の時期までも、普通教育と専門教育との並行的修養をなさしめるのを人生の常態とし業務とし、もって、身心両全の生活をいとなましめんとするのである。

〔『全集・第六巻』、二〇九〜二一〇頁〕

（1）過去半世紀の教育制度の経験に徴した改革案として、吾人は、半日学校制度をもって、もっとも適当と信ずるものである。――原著者は、明治初年以来の歴史的な経験をふまえながら、「半日学校」の制度設計について、四点にわたり述べている。

一　小学校から大学までの学校における学習生活を半日に制限する。そのために、能率増進を目的とする教授法の改革を推進し、半日でもって一日分の成果が得られるようにする。

二　国家社会の経済という観点から、二部制や三部制の導入によって、教育機会を拡張し、試験地獄を一掃するとともに、教育費用の負担を軽減する。

三　半日は学校生活に、残りの半日を実業生活に充当し、勤労への意欲を、子どものころから、個性に応じて養うようにする。

四　就職難に直面せぬよう、在学中に、勤労のための準備的な訓練を課すこととする。しかも、学生生活を、少年・青年時代に限定せず、成年期に至るまで延長し、社会のあらゆる場面で「普通教育と専門教育との並行的修養」が可能になるようにする、というのである。

「半日学校制度」については、本書一三九～一四二頁のテキスト「半日学校制度の意義」、および、本書五九～六〇頁の注（12）や【補注5】も、参照せられたい。

（2）余が創価教育学は、主として、これがための研究——牧口が企図した教育研究の最大のポイントは、「教授法の改革をはかり、従来の一日分を半日で修めしめること」にあったとしても、決して過言ではない。だからこそ、創価教育学は、能率を増進しうる合理的な人材養成法を、とことん探究することになるのである。

（3）創価教育学体系の後編および各論——ここのテキストは、『体系・第三巻』「第四編教育改造論」の最終章にあたる、「第一〇章半日学校制度論」から抜粋されたものである。

したがって、「後編」とは、とりあえず、『体系・第四巻』「教育方法論」をさしている。しかし、その後、「創価教育学という知識体系」に関する当初の全体構想には、とても重要な変更が加えられ、『体系・第四巻』が上梓されるころには、『体系・第五巻』「教育方法論（下）」の準備が進められていた。ただし、現実には、『体系・第五巻』は出版されなかったし、道徳教育や地理科・理科・歴史科等の教導に関する「各論」数巻も、刊行には至らなかったわけである。〔【補注7】を参照〕

ちなみに、「これが法案の発表」に該当する具体的な事例としては、『体系・第四巻』の「第二編教材論」で展開されている、「郷土科」を中核とした教育課程の根本的再編、生活に即した教科書の編纂、半仮名を活用した国字改良、等々を、挙げることができるだろう〔『全集・第六巻』、三五五～四一八頁参照〕。

さらに、より実践的な提言としては、「永」の字にもとづいた書き方の指導や、二〇以下の基本的な数概念の理解・把握によって達成しうる算術学習の大幅な進歩などが、『創価教育法の科学的超宗教的実験証明』（一九三七）のなかで開示されているのである〔『全集・第八巻』、一六～二三頁参照〕。

（4）国家経済——これは、国家社会の経済的な活動というよりも、国家的な規模の事業にとって必要とされる経費を、可能な限り節約することを意味しているのではないか。

近代的教育制度の拡充は、個人的にも社会的にも、それ相応の金銭的な負担をともなわざるをえなかった。

「父母は、その衣食住という直接生命維持の問題が解決されるや否や、他のすべての仕事を後まわしにしても、他のすべての快楽を犠牲にしても、ないし、あらゆる苦痛を忍んでも、子どもの教育に生活費の大部分を惜しまぬような状態が、現代である。国家は、従来、家庭や市町村等の部分的社会がおこなっていた事業を引き受けて、次第に大規模に統一的に組織的に、教育事業を遂行するようになって、今や、国民教育として、世界各文明国の議会におけるもっとも重要なる問題の一つとして予算面に現れ、また、その政策は、各政党の掲ぐる重要なる政綱の一つとなった。」〔『全集・第五巻』、一一五頁〕

それゆえに、牧口は、教育財政の面からも、「経済化」の不可欠性を指摘するのである。この点については、『体系・第三巻』「第四編教育改造論」・「第一章教育改造政策の要諦」のなかの考察〔『全集・第六巻』、二七〜二九頁〕も、できれば参照していただきたい。

（5）試験地獄——大正の半ばから昭和初年にかけては、中・高等教育機関の整備がなされ、「学歴社会」の基盤が徐々に形成されつつあった時期に相当する。そして、このころには、近代化・産業化の進展にともなって、知的エリートを大量に養成することが現実的な課題となっていたのである。

ところが、上級学校への入学志願者が激増する一方で、肝心の教育機関の増設が追いつかず、「試験地獄」ないし「受験地獄」が生み出されてしまっている。なかでも、とくに、中等学校における筆記試験入試が大きな社会問題として取り上げられ、その抜本的な改善が強く要望されていたのである。

牧口が、『体系・第一巻』の「緒言」において、「入学難、試験地獄、就職難等で、一千万の児童や生徒が修羅の巷にあえいでいる現代の悩みを、次代に持ち越させたくないと思うと、心は狂せんばかりで、区々たる毀誉褒貶のごときは、余の眼中にはない。」(『全集・第五巻』、八頁)と、みずからの心情を率直に表明したのは、そういう事情によっているのである。

(6) 徒食遊惰――「徒食」は、定職をもたず、何の仕事もせずに、ひたすらなまけ暮らすこと。「遊惰」は、すべきこともしないで、遊んでばかりいること。要するに、社会的には何の貢献もなさず、依他的で寄生的な存在であるようなありさま。

（7）職業難——日本社会は、一九二〇年代をとおして、経済的な好況を味わうことがなかったようである。しかも、『体系』（全四巻）が出版される三〇年代前半には、世界恐慌の影響もあって、教育界も、よりいっそう深刻な事態に遭遇することになる。たとえば、高等教育を受けた人々ですら、容易に就職できない状況が生起して、「大学は出たけれど」という映画が作られたほどであった。

もっとも、原著者は、不況による就職難もさることながら、それと同時に、いやそれ以上に、各々の個人が自分自身の道を見いだすことの難しさを、示唆しているのではなかろうか。なぜかと言えば、生活と学問とがかい離しているために、勉学にはげみ、専門性を高め、学歴を取得するだけで、みずからの将来が自然と開かれることはないからである。

第二節　三育並行論

(1) 三育併立概念の拋棄

智育・徳育・体育の三つの区別(1)は、教育学上ほとんど自明の理のように見なされていて、それは、科学者にも、実際家(2)にも、疑いをさしはさむの余地のないように、権威を有している。したがって、これを基幹として、幾多の手段が講ぜられ、施設が施され、教科の選択・学科の配当にまでも及んでいる。けれども、仔細《しさい》に精査して、それらが学問上必然の道理にもとづいているか否かを詮索して見ると、いかに思索をして見ても、その区別の要点を見いだすのに苦しみ、また、実際上の価値より見るも、どんな必要あっての区別であるかの判断に苦しまざるを得ない。なるほど、外観上は、整然たる体系らしいところもあり、永い間の伝統は、また、それだけ、その存在に権威を持つ。けれども、学問上に十分の意味なく、実際上に、それだけの価値のないものを、そのまま肯定して置くことは、学的良心の承認し得ないところである。いわんや、不知不識《しらずしらず》の間に、幾多の誤解と弊害とを伴生《はんしょう》(3)しているのにおいてをや。徳育と智育とを別途によりおこなうことをうるがごとく思わせ、体育と智徳両育と対立して施しうるがごとくに迷わせ、これに従う無理・偏頗《へんぱ》な手段が現出され、結局、かえって、教育の目的達成に障害をなしつつあるを、吾人《ごじん》は、黙視し得ないのである。

三育対立の観方《みかた》、すなわち、自然科学の対象を分類するような観方ないし取り扱いは、実在の如実の捕捉ではない。教育概念の内容をなす要素として、それらの三つが、相対峙《あいたいじ》し並立すること、あたかも、生物の概念内容として、植物・動物が相対立・並存するがごとくに誤解せしむるものである。これが、おそらくは、現在におけるほとんど全部の解釈である、というて差し支えないのである。しからば、いかにすべきか。体育の基礎のうえに立つ智育、智育の基礎のうえに立つ徳育というように、階級的に、はた、根幹・枝葉等の関係的に観察し、叙述すべきものである。しかして、これが解釈にあたっても、従来、ややもすれば、維新以後の教育は、智育に急なるがために徳育不振に陥った、という。しかし、これらはまだ恕《じょ》(4)すべきも、智育が盛んなるがゆえに、徳育が衰えたとか、昔は徳育が盛んであったが、明治の新教育が発達した結果、智育ばかりに骨折って、徳育は一向〔に〕顧みないとかと、あらわにはいわずとも、智育と徳育とが相対峙し、一方が盛んなるがゆえに、他がおこなわれず、他方が不振に陥るは、すなわち、一方のみに骨折る結果というように、意識するか無意識かは別として、一般にかような謬論《びゅうろん》(5)に陥っておって、真相の捕捉を誤り、したがって、正当に因果の関係を見ることができずに、思想上の混乱をきたすことになる。

智育ならざる徳育、はた、体育が、実際において成り立ちうるかと反問して見よう。教育が、無意識なる自然的生活を意識せしめ、意志的生活に導くにありということが、承認される以上、そして、各々の分業が教育の一部としてなさるべしと考えられる以上、一を他に対立させ、もしくは、一を他から切り離しうると考えるのは、不合理といわねばならぬ。

智育の進歩に何にもならない体育はおこなわれうるし、身体の発育を妨害するような智育も施されうるかもしれない。また、徳育に有害なる智育・体育もおこなわれないはずはなく、智育・体育を犠牲にするような徳育もあるかもしれない。が、そんなものが教育の概念内に入りきたるわけはないから、問題にしない。道徳意識にまで達せぬ普通の生活はあるごとく、徳育にまで意識せぬ智育はありうるが、智育に無意識の徳育はおこなわれようはない。

倫理・道徳が有意の行動を対象とする以上、道徳は、当然、道徳的知識を根拠としている。ゆえに、いやしくも、徳育するとなれば、それだけ、道徳的の智育を増すことになることは、あたかも、芸術的教育とも経済的教育とも同様である。(6)

知識を最終の目的とするような教育は、希臘《ギリシャ》の昔にあらざればあり得ない。されば、純粋の智育は、今の世にはあろうはずはない。もしあったところで、意味をなさぬこととなる。教育の目的が幸福な生活をなさしめるにあって、そのための価値創造の指導にあるとするのが真であれば、智育というものは、それ自身では成り立ち得ないことになろう。

知識の貯蔵庫のごとき学者でも、それに特別の価値を見いだし、あるいは、将来はいずれかに役に立つかも知れぬというて、篤志家か、ないし、政府が、保護でもしてくれればよいが、さもなくば、何らかの生活根拠を得なければならぬ。もし、学校教師などの職に服するとすれば、それに適当した方面に研究を制限せねばならず、結局、営利事業と何の選ぶところがないことになる。そこで、これらの教職員のごときは、経済的・営利的目的の教育のなかに含まれることとなるわけである。かくのごとく考察してくると、従来の三育併立の概念を抛棄《ほうき》して、次のごとき系統的分類をなすを、合理的と信ずる。(7) それは、すなわち、身心両育の幹枝的系統を主とする分類である。

一、身体的活動＝体育＝行動訓練
二、精神的活動＝智育＝価値意識
　→ 智行合致[8] → 利育・徳育・美育 → 価値教育すなわち創造

一、価値を主観的に表現した、幸福の根柢である健康を目的としての体育
一、健康の基礎のうえにする智育と、体育と並行し価値創造の基礎として、造化《ぞうか》（社会を含む）の本質を理解せしむるものとしての智育
一、教育が価値観から考える順序は、前記のごとくではあるが、実際においては、心身両方面を具備しての、出生と同時に、体育と智育とは、並行して始まるわけである。

〔『全集・第五巻』、九六～一〇〇頁〕

（1）智育・徳育・体育の三つの区別——今日においても、「知・徳・体」という三育の区別は、しごく当然のことである、と考えられている。だが、それは、Ｆ・ベーコン（一五六一～一六二六）が提示した「イドラ（幻影）」、すなわち、正しい認識をさまたげる

「予断」や「先入観念」に相当するものなのではないか。いや、むしろ、日本の社会に奥深く浸透してしまった「イデオロギー（虚偽意識）」であるとしても、決して過言ではない。ゆえに、牧口は、「従来の三育併立の概念」を、徹底的に「抛棄」するのである。〔このことについては、次のテキスト「新主張＝二育並行論」（本書八三～八五頁）を、十二分に味読していただきたい。また、斎藤正二著『牧口常三郎の思想』（第三文明社、二〇一〇）の「第三部牧口常三郎研究ノート」・「第二章二育 vs. 三育という問題」（五七二～六二七頁）も、できれば参照せられたい。〕

知育・徳育・体育は、それぞれに、まったく異なっているのであり、相対立するものである、というとらえ方は、子どもたちの全人格的な発達の観点からすると、実に不条理であるにちがいない。したがって、牧口は、「体育の基礎のうえに立つ智育、智育の基礎のうえに立つ徳育」を主張する。そのうえ、さらに、「徳育にまで意識せぬ智育はありうるが、智育に無意識の徳育はおこなわれようはない」、と論じているのである。

なお、『体系』のなかでは、しばしば、「知育」が「智育」と表記されていることに、少なからず留意していただきたい。

（２）実際家――いうまでもなく、現場の教師たちのこと。『体系』（全四巻）では、教育界のなかでも、講壇学者などの理論派に対して、経験派として位置づけられている。そのほか、同じ意味で、「教育実際家」、「(教育)実務家」、「(教育)実際者」、などと表記されることもある。

(3)伴生――ある物事をきっかけに、それと関連したかたちで、何らかの派生的・付随的な現象が生起する、ということ。一般的には、あまり好ましくない状態が醸し出されることをさす場合が多い。

(4)恕す――相手を思いやり、許してあげること。「恕する」ともいう。

(5)謬論――まちがった見方や考え方にもとづく議論。とにかく、わが国で教育改革が取りざたされるときには、いつもきまったように、「智育偏重・徳育軽視」が、あたかも元凶であるかのごとく、声高に吹聴されているのである。

(6)芸術的教育とも経済的教育とも同様である。――徳育の場合と同様に、芸術的教育(美育)や経済的教育(利育)も、それらの基礎になる芸術的または経済的な智育が増進されなければ、決してうまくいくはずはないのである。

ちなみに、ここと、次のテキストで登場する「経済的教育」(本書八五頁)は、利的な価値創造の指導のことをさしている。本書六七頁に出てくる「経済的教育」(労力・時間・費用などが経済化された教育）と、同義ではない。

（7）従来の三育併立の概念を拋棄して、次のごとき系統的分類をなすを、合理的と信ずる。――明治以降、自明の理とされてきた、「知・徳・体」の三育併立主義を投げすてよ、との意。牧口は、次のテキストにおいて、この分類図式をより精確に再構成したうえで、「智・徳・体の三育併立の説を、不合理とし、身心両面の生活を基とした智・体両者の並行を主張する」（本書八五頁）、と述べているのである。

（8）智行合致――経験によって得られた智恵が、日々の暮らしのなかで実際に生かされて、知識と行動、学問と生活とが、ぴったり合っているようす。本書五七頁の注（5）「知行合一」と同じ。

(2) 新主張＝二育並行論

しかして、この〔出生の〕ときには、いまだ価値的の教育は始まらないが、利育と美育との心の作用は、始まっていることであるから、混沌《こんとん》(1)たる智育も、これだけには分析して考察さるべく、徳育は、社会生活を始めるにおいて、はじめて意識的に施さるべきもの、と信ずるのである。

この意味からして、〔教育は、〕左のごとく系統的になすを適当とする。[2]

体育—体育—体育
利育—利育
智育 ——徳育
美育—美育
智　育
価値創造教育

智育をしないで、徳育ができるか。[3] 智育・徳育対立の思想は、この両者をまったく別異の作用と考えた、不合理よりきたる。徳育の一部分をなす道徳的知識の養成は、智育の理法に従うことにおいて、智育と異なるところがないからである。徳育を含まぬ智育はあるが、智育を含まない徳育は成立しない。それは、他の、体育と智育との関係とはちがう。体育と智育との関係は、両者相互に相包含しないでは成立しない関係がある。両者は一体両面の関係なるが、智育と徳育とは、全体と一部分で、しかも、発生に前後の関係の差があるのみである。

体育的に智育し、智育的に体育し、少なくとも両者の相背反・妨害しない程度・方法に教育せんとするのが、三育並行の不合理を捨てたる、新主張二育並行論(4)の要旨である。

これには、体育を顧みずして主智的に教育することを改めて、ディルタイ氏のいわゆる全人的活動(5)によって智育をなすので、体育もまたしかりで、何らかの智的活動をなしつつ、体育をなすこととするのである。智・徳・体の三育併立の説を、不合理とし、身心両面の生活を基《もとい》とした智・体両者の並行を主張するのである。まず、体育と智育、もしくは、心育とに区別され、智育は、その価値的目的から、右の利育・徳育・美育の三育に区別される(6)。価値創造を目的とする、他の種類もなおあるかも知れぬと、思索すること多年であるが、いまだ見いだすことはできぬ。もしも、利育すなわち経済的教育を区分するならば、幾多の専門学校(7)が分かれているごとく、たくさんの種類となるであろう。

〔『全集・第五巻』、一〇〇～一〇二頁〕

（1）混沌——物事の区別があいまいで、全体がはっきりしないさま。事態のなりゆきがとても不明瞭なようす。

（2）〔教育は、〕左のごとく系統的になすを適当とする。――ここの図式は、直前のテキスト「三育併立概念の抛棄」のなかで明かされた系統的分類〔本書八〇頁。『全集・第五巻』、九九頁〕を、構造化しなおしたものである。

まずもって、「子どもたちの幸福」を眼目とする「価値創造教育」の総体は、「体育」と「智育」（もしくは「心育」）とに大別されている。すなわち、前者は、「幸福の根柢である健康」を目的とし、後者は、「価値創造の基礎として、造化〔社会を含む〕の本質を理解せしむる」ことを目指しているのである。〔本書八〇頁参照〕

また、さらに、「智育」は、「利育・徳育・美育の三育」に区別されている。それらは、「経済的教育」・「道徳的教育」・「審美的教育」のことを、さしているのである。

（3）智育をしないで、徳育ができるか。――近代日本の教育発達史においては、国家体制への批判が高まってきたり、戦争遂行などの国策が強力に推進されようとするときに、必ずと言ってよいほど、「智育偏重」批判と「徳育重視」の論議が、政府とその周囲の人々によって展開されてきた。〔山住正巳著『日本教育小史――近・現代――』岩波新書、一九八七、三五～三六頁参照〕

しかしながら、牧口は、「智育・徳育対立の思想」はきわめて不合理なものであると、日本社会の心性に巣くう、病的虚構を見事に暴き出している。なぜなら、「智育と徳育とは、全体と一部分」の関係にあり、「徳育を含まぬ智育はあるが、智育を含まない徳育は成立しない。」からである。

そして、この問題については、ヘルバルト（一七七六〜一八四一）の「教育的教授」概念や、デュルケムの道徳教育論を想起すれば、容易に理解できるように思われる。【↓補注8】

（4）新主張二育並行論――人間の発達過程をふまえると、「智・徳・体の三育並行」は幻想であり、「体育的に智育し、智育的に体育」する、「智・体の二育並行」こそが、「価値創造教育」の柱である、ということ。これは、当時はもとより、今日においても、痛烈かつ根底的な問題提起であるにちがいないのである。

（5）ディルタイ氏のいわゆる全人的活動――W・ディルタイ（一八三三〜一九一一）は、自然科学的な説明心理学よりは、精神現象を分析・記述する了解心理学に依拠して、精神科学の方法論を基礎づけた、ドイツの哲学者・教育学者。主知主義的教育を批判して、「生の哲学」にもとづきながら、「知・情・意」が合一する全人的発達の重要性を指摘した。

よって、「体育を顧みずして主智的に教育することを改めて」とあるのは、健康への配慮を怠らず、実際生活に役立たない机上の学習を脱皮して、という意味に解すことができるだろう。

(6) 智育は、その価値的目的から、右の利育・徳育・美育の三育に区別される。――この点については、本書九七~一〇〇頁のテキスト「新三育の相互関係」、および、一〇三~一〇七頁のテキスト「創造教育と美・利・善」を、熟読していただきたい。

ちなみに、「新三育」のみなもとは、少なくとも、『人生地理学』(一九〇三)までさかのぼることができる。というのは、牧口が、同書「緒論」・「第三章いかに周囲を観察すべきか」のなかで、「利害」・「美醜」・「善悪」に関する標準(法則)について、論及しているからである。〔『全集・第一巻』、三二~三四頁参照〕

また、「新三育」の原型は、『教授の統合中心としての郷土科研究』(一九一二)のなかに求めることが可能である。【↓補注9】

(7) 専門学校――(旧制)専門学校は、明治三六年(一九〇三)の「専門学校令」によって定められた、高等教育段階における学校類型の一つ。「高等ノ学術技芸ヲ教授スル学校」(医・歯・薬・外国語・美術・音楽・法・商・経・文などの一科ないし複数科)や、「実業学校ニシテ高等ノ教育ヲ為スモノ」（農・工・商などの単科の実業専門学校）などが、それである。第二次世界大戦が終結するに至るまで、官立・府県立・私立のいずれもが、中等学校卒業者を受け入れて、三年または四年間の高度に専門的な教育をおこなっていたのである。

（3） 知育偏重論議批判

五　智育偏重《へんちょう》の実《じつ》は、いかん。(1) われわれは、これに対しては、一般の見解とは異なる。智育の偏重の弊《へい》を患《うれ》うるよりは、むしろ、偏軽といってよいほどに、その能率の挙がらぬことを慨《がい》すべきでないか。智育偏重の実は、今の学校教育のどこにある。もし、徳育偏軽の対照からの僻《ひが》みであれば、多少の問題とならぬこともないが、これならば、自家の貧乏を隣家の金持ちに依ると嫉視《しっし》するのと変わりはない。智育の迷惑とするところである。徳育を尊重せんために、知育の偏軽を前提とすべきものではない。かえって、徳育の振興は、智育の尊重の基礎によってのみ、実現せらるべきものであると(2)するのが、吾人の主張である。智育の偏重の弊を矯《た》めんとして、(3)それを軽減したとしたら、いかん。さなきだに、(4)知識貧弱の国民をして、いよいよ無知識の国民たらしめないか。今の教育の欠陥は、(5)智育の過重というよりは、智育の方法を過った、詰め込み主義に陥っているために、実際は、智育偏軽という反対の弊に陥っている、といわねばならぬ。

なるほど、智育偏重の非難があるほどに、時間も労力も、多くを、今の学校は費消しているには相違ない。ところで、その実績は、いかん。これが、智育偏重教育として非難されるゆえんであって、実は、智育の方法の不十分を表すものなることを、意識せねばならぬ。

六　智育の偏重呼ばわりは、直ちに、徳育の偏軽を思わせるが、これも決して偏軽ではない。先覚者も為政者も、何の時代でも、非常に徳育を喧《やか》ましくいっているが、惜しいかな、徳育方法を誤ったというよりは、むしろ、徳育法の欠乏する結果、道徳貧弱の国民ができあがっているのである。(6)

〔『全集・第六巻』、一九〇～一九一頁〕

（1）五　智育偏重の実は、いかん。――牧口は、一三点にわたって、昭和初年の教育状況に関する診断的な所見を述べている。本テキストは、その第五・第六の項目に該当するものである。〔本書一二七～一二八頁のテキスト「実際的教育の必要性」を参照〕【↓補注10】

（2）徳育の振興は、智育の尊重の基礎によってのみ、実現せらるべきものである――真正の智育がなされるならば、知識は実際生活上の知恵に昇華され、「豊かな人間性」がおのずと培われていくはずである。牧口が、あくまでも「智育の尊重」を主張するのは、普遍的な道理にかなっているのである。〔【補注8】を参照〕

（3）矯めんとして――「矯める」は、曲がっているものを真っ直ぐにする。あるいは、また、真っ直ぐなものを曲げる。ここでは、前者のように、誤りを正そうとすることをさしている。

（4）さなきだに――もともとは、「そうでなくてさえ」の意。しかし、ここは、文脈からすると、「そうであれば、なおのこと」、というふうに解せられるのではないだろうか。

（5）今の教育の欠陥は――当時の教育改造論議は、中等教育の量的拡大に伴って生起した受験競争の弊害を、少しでも緩和・軽減することに、一つの焦点があてられていた。したがって、知育の仕方がやり玉にあげられたのは、ゆえなきことではないのである。

だが、本当の原因は、「智育の偏重」ないし「智育の過重」ではなく、「智育の偏軽」にこそ、求められねばならない。なぜかと言えば、本来の知育が尊重されず、無為無策な「〔知識の〕詰め込み主義」が横行し、知的な発達それ自体が、たいそうゆがめられていたからである。

（6）惜しいかな、徳育方法を誤ったというよりは、むしろ、徳育法の欠乏する結果、道徳貧弱の国民ができあがっているのである。――教育改革が話題にのぼるときには、ほとんどいつも、社会の道徳そのものが、きわめて不安定な状態に陥っているのである。ゆえに、先覚者や為政者たちは、それぞれの立場から、「徳育重視」を叫ぶようになる。けれども、徳育が大切だからといって、その基礎になる知育をおろそかにすれば、かえって「徳育法の欠乏」をまねき、結果的には、国民の道徳的な貧弱さを増幅させることになるのである。

第三節　美・利・善の価値創造

（1）価値の分類

真・善・美という従来の価値分類を否認し、これに代えるに、利・善・美という新分類をもってしたことは、前述のとおりである。(1)

その利的価値は、個人の全体的生命に直接影響する関係力であるのゆえをもって、個体的全人的価値と名づけてもよかろう。しかして、これに対立せしめるならば、美的価値は、直接には覚官(2)に影響し、個体の全生命への影響は間接的に過ぎないから、これを感覚的価値、または、官能的価値というて差し支えなかろう。利的、全人的価値は、私我という個体の生命に対する関係力なるがゆえに、この個体を要素とする大なる上級実体たる社会の生命に対する関係力は、利的、個体的、全人的価値に対立せしめるならば、団体的、社会的価値と名づけてよい。

一、美的価値＝部分的生命に関する感覚的価値

二、利的価値＝全人的生命に関する個体的価値
三、善的価値＝団体的生命に関する社会的価値
美的価値を負担している対象は、個我以上の全体の生命には直接に関係せずに、人間の感覚器官を刺激して、そこで人間の快苦感情の反応によって評価せられて、美醜の判断を受けるものであるがゆえに、生命の存否には直接に触れないのである。

再言すれば、善悪・利害・美醜という各種の標準に照らして判定される、対象の主観に対する関係力(3)は、それに内在する性質よりは、影響される判断主観、すなわち、評価主体の性質により、それぞれの名称をもって認識せられ、配当される。そして、主観と対象との対立によって生ずる関係力の程度に応じ、価値の大小が判断せられ、賞讃または批難が醸《かも》されるのである。されば、その善的価値、すなわち、道徳的価値と名づけられる概念は、善悪両端の間に盛られた標準秤によって測定される性質の関係を意味し、経済的価値、すなわち、利的価値は、利害の両端の間に盛られた標準秤によって測量される性質の関係をいい、また、美醜両端の間に盛られた標準秤によって評量される性質の関係を、美的価値、あるいは、審美的価値というのである。

〔『全集・第五巻』、三二五〜三二六頁〕

（1）真・善・美という従来の価値分類を否認し、これに代えるに、利・善・美という新分類をもってしたことは、前述のとおりである。――ここのテキストは、『体系・第二巻』「第三編価値論」・「第五章価値の系統」・「第一節価値の分類」の冒頭部分を抜粋したものであり、「前述のとおり」とあるのは、同巻・同編・「第二章真理と価値＝認識と評価」の「第一節真理と価値」〔『全集・第五巻』、二一七〜二三八頁〕における考察をさしている。

なお、原著者の思索の成果は、左記の図式〔『全集・第五巻』、二三三頁〕に明確化されているので、ぜひとも刮目せられたい。また、この時点で、すでに、「利・善・美」が「美・利・善」へ修正・変更されていることに、気をつけておいていただきたい。

一、真理｛概念――空間的――実在の本質／法則――時間的――変化の本質｝

二、価値
- 美的──美──美
- 利的
  - 私利──利
  - 公利──善

（2）覚官──これは、「感覚器官」を略したものであるように思われる。すなわち、生命体としての人間が、見たり、聞いたり、さわったり、味わったり、臭いをかいだりするときに、それらの感覚を中枢に伝えていく、身体の各器官のことを表しているのである。

（3）善悪・利害・美醜という各種の標準に照らして判定される、対象の主観に対する関係力──このことについて、詳しくは、『体系・第二巻』「第三編価値論」・「第五章価値の系統」の「第二節経済的価値」と「第三節道徳的価値」と「第四節審美的価値」〔『全集・第五巻』、三三三～三五六頁〕を参照のこと。

真理と価値とはまったく異なったものである、と牧口は主張する。真理は、主観としての人間が、対象である外的事物に関して、実在の本質や変化の法則性などを、精神内界において構成した観念である。それに対して、価値は、主観と対象との関係概念にほかならない。つまり、価値は、主体である人間と、客体であるところのさまざまな事物との間の、関係力ないし力的関係を、意味しているのである。

したがって、価値は、人間界に固有なものである。そして、人間主体の生命力を、伸長もしくは短縮させる程度に応じて、価値の大小が判定されることになる。その具体的なものさしが、「美醜・利害・善悪」という、各種の標準なのである。

「美」（審美的な価値）は、主体の生命にとって部分的なものに過ぎないが、「利」（経済的な価値）と「善」（道徳的な価値）は、それと全体的にかかわっている。ただし、「利」は、主体が個人である場合に限定されており、「善」は、社会が主体であるときに、はじめて評価されるわけである。

(2) 新三育の相互関係

その新三育（利育・徳育・美育）は、各々孤立しては、人格の完全を期せられぬ。必ず並行して、おこなわれねばならぬ。

生活上から軽重をつけるならば、いかに道徳論者からやかましくいわれても、やはり、経済的利育に重きを置かねばなるまい(1)。教育上、不道徳の原因は他にあって、利育の重視にあるのではないことは、吾人が後に詳論せんとするところである(2)。利育の重視が不道徳の直接原因ではなくて、徳育の不振ならびに徳育方法の無知識に、その原因があるというのが、私の見解である(3)。

利育が悪いというならば、現代の社会生活において、営利に関しないものがあり得ない関係から、国民のほとんど全部が、不道徳なる人とならねばならないわけであるが、そんな馬鹿なことがあろうはずがない。正当なる実業による利育が、何で道徳を害するものか、武士は食わねど高楊枝《たかようじ》というような算盤勘定《そろばんかんじょう》を卑しむ風習は、封建時代における世襲財産制度という生活の保証のあった武士階級のみの道徳であって、今や、国民平等、何人も自立生活をなさねばならぬ時代に、持ち越すべきものではない。のみならず、実業軽視、勤労嫌厭《けんえん》の悪風(4)こそ、現今の国状に鑑み、大いに撲滅《ぼくめつ》せねばならぬところではあるまいか。

以上は、徳育軽視を意味するものでは、もちろんない。ただ、ややもすれば、いわゆる道学者、経世家(5)のなかには、利的活動を卑しむのを武士道のごとくに考えるもののある反面に、その実《じつ》、非常に重要視しつつありながら、正々堂々とこれを鼓吹《こすい》することをはばかるがごとき態度を持し、価値系統のなかにも公然〔と〕意識されていないほどであるがゆえに、かくはいうのである。

『倉廩《そうりん》実《み》ちて礼節を知り、衣食足って栄辱《えいじょく》を知る』(6)(管子)というごとく、人間は何よりもまず、自然的生存を遂げなければならぬ。そのうえに、社会的生存をまっとうするを要する。

私的生活も十分に遂げられない身で、公共的生活に奔走するがごときは、生存の最小限度の欲望に、満足することのできる境地に達した、偉人においてのみ許さるるところで、他はおおむね、社会の寄生虫とならざるを得ない。ただし、営利的活動は、社会的共同生活を害しない限りにおいてのみ、許さるるところで、害さえなければ、利的活動それ自身は、無意識的に社会の幸福に貢献するわけである。もちろん、公私の生活を並行しうれば、それほど結構なことはないわけであるから、教育も、それに適応せしむべきである。

美的生活も、また、人間の本能にもとづくものであるから、これに応ずるように、教育はなされねばならぬ。これにおいても、一面に、ややもすれば、頑固なる経世家たちは、徳育に背反するものとし、贅沢物視《ぜいたくぶつし》するのであるが、余はこれに与《くみ》せず、また、他面、芸術教育家等に雷同して、利育・徳育のごとくに重要することに反対するものである。(7)芸術専門の人々の主張どおりにやらせるならば、朝から晩まで、美育を継続していなければなるまい。経済活動に対応する、利的教育以上になるかもしれない。もって、人の本性の自然の要求に応ずるゆえんと説明して、安んじていられるかもしれない。なるほど、他の両生活より、人間の好むところに相違ないからとて、衣食住の代わりにするわけにはいかぬ。ただ、余り多ければ、かえって厭《あ》きてくる。そこで、営利的専門家の趣味や主張に動かされず、一日の勤労に疲れ、翌日の元気を回復するために、晩餐《ばんさん》後において音楽や芸術を味わうということをもって人間の当然となす、という趣旨に悖《もと》らない程度に制限するをもって、適当と信ずる。(8)

〔『全集・第五巻』、一〇一～一〇三頁〕

（1）生活上から軽重をつけるならば、いかに道徳論者からやかましくいわれても、やはり、経済的利育に重きを置かねばなるまい。――原著者は、「人間は何よりもまず、自然的生存を遂げなければならぬ。そのうえに、社会的生存をまっとうするを要する。」、と述べている。しかも、「現代の社会生活において、営利に関しないもの」は一つとしてないはずであり、「正当なる実業による利育が、何で道徳を害するものか」、というのである。なぜなら、「営利的活動は、社会的共同生活を害しない限りにおいてのみ、許さるるところで、害さえなければ、利的活動それ自身は、無意識的に社会の幸福に貢献する」からである。

（2）教育上、不道徳の原因は他にあって、利育の重視にあるのではないことは、吾人が後に詳論せんとするところである。――この点については、本テキストのなかの、以下の四つの段落を、しかと玩味せられたい。

（3）利育の重視が不道徳の直接原因ではなくて、徳育の不振ならびに徳育方法の無知識に、その原因があるというのが、私の見解である。――本書八九～九〇頁のテキスト「知育偏重論議批判」の末尾にあるように、牧口は、「惜しいかな、徳育方法を誤ったというよりは、むしろ、徳育法の欠乏する結果、道徳貧弱の国民ができあがっている」〔『全集・第六巻』、一九一頁〕、と見抜いているのである。

（4）実業軽視、勤労嫌厭の悪風――これは、学校教育が生み出した、社会的な病理である、と洞察されている。なぜかと言えば、近代教育が児童・生徒・学生たちを学業だけに専念させるため、実際生活と学問とがバラバラになってしまったからである。「半日学校制度」を核とした抜本的な学制改革案の最大の標的は、この悪風を払拭することに存していたのである。〔本書一三九～一四二頁のテキスト「半日学校制度の意義」（『全集・第六巻』、

一一三～一一四頁〕を参照〕
（5）道学者、経世家――「道学者」とは、儒学（とくに朱子学）にもとづいて、道徳を説く者。「経世家」とは、理想を高く掲げて、世の中を治めようとする人のこと。
ちなみに、「道学者（道学先生）」は、道理を重んじるあまり、それに偏して、世事に暗く、人情の実際を軽んじる、融通のきかない頑固な学者をあざけるときに、用いられる場合がある。また、「経世家」とは、具体的には、江戸期において、社会の安寧を願い、人々の苦しみを救済するための施策を説いた、在野の知識人たちの総称なのである。
（6）『倉廩実ちて礼節を知り、衣食足って栄辱を知る』――「倉廩」とは、米穀をたくわえるやぐら。米倉。「栄辱」は、栄誉（ほまれ）と恥辱（はずかしめ）。
要するに、人間は、経済的に自立し、日常生活が安定してはじめて、道徳心にめざめ、名誉を重んじ、恥ずかしいおこないをつつしんで、社会的に有為な振る舞いをなすことができる、ということ。だから、利育は、もっとも基礎的なものなのである。

なお、「菅子」は、国家を司る際には経済活動の活性化によって庶民の生活を安定させることが大切であると論じた、古代中国の春秋時代における斉の重臣、菅仲の書といわれている。けれども、実際は、その名にことよせた、戦国時代の秦・漢の書であるようだ。

（7）〔美育については、〕芸術教育家等に雷同して、利育・徳育のごとくに重要することに反対するものである。——その理由は、美的価値の創造が、個々人の部分的生命の領域に、限定されることによるのである。なるほど、美育は、個人にとっても社会にとっても、精神的な充足をうながすものであるだろう。しかし、それは、あくまでも、生活の一部分にかかわっているに過ぎないから、利育や徳育よりも優先させたり重視されるべきではないのである。

（8）趣旨に悖らない程度に——「悖る」は、道理にそむく、ないし、さからう。あるいは、また、道をはずして、混乱した状況をもたらすこと。よって、ここは、〔そのような〕趣旨に則した範囲内で、という意味。

（3）創造教育と美・利・善

彼《か》の創造教育の方法を文学・芸術等の独占のごとくに考える一部の教育家に、一考を乞わねばならぬ。(1)

美の創作指導は、それらの諸教科の任とするところに相違ない。しかし、人生に関係ある価値[2]という点において一致する、経済的産物、はた、道徳的産物も同様であって、その創造の過程にも何のちがいがない。ただ、一方が美的性質と人間が名づけたものを備うるに比し、他方が実用的性質を備うる点が異なるだけに過ぎぬ。〔それと同様に、〕彼の俳優が、自分の身体を材料として演芸をなして、人を感動させるのと、道徳家が、自己の心身を犠牲にして、人を尊敬せしむるものと、価値の創造の点において何の差ぞ。すなわち、創作の苦心、創造の過程において、何ほどの相違を見いだしうるか。ただ、感覚器官の別によりて、人間が区別するに過ぎないのではないか。

芸術家等が、他の両価値〔「利」と「善」〕を功利というて卑しむが、自分の方に功利の念がまったくないと、いかにして立証ができるか。もしも、美的産物が反功利ならば、有害となって人に嫌悪せられねばなるまい。利に対しては知らないが、反功利、すなわち、有害に対すれば、醜悪に対すると同じく正反対をなし、まさに、功利とも、善とも、同性質となることを知らしめられるのである。

ただ、大同中の小異で、程度の差に過ぎないことを思わしめる。有害な性質をもたないという点において同質だというのを否認することのできない同志の一方が、他方を功利呼ばわりをするのは、まさに、五十歩をもって百歩を笑うの譏《そし》りを免れまい。

また、彼の作品評価の標準にしても、美といい醜というのは、単なる感覚器官の感じうるだけの範囲の少差別で、その奥の快・不快の感情までに至って見れば、もはや、他の種類の作品との区別はできない。蜻蛉《とんぼ》や、蝉や、魚の形が美であるならば、飛行機や飛行船、軍艦が何ゆえ醜か、統一中の変化という美学上の法則をよく現し、それこそ、造化《ぞうか》の真髄をも凌駕するほどに、人智の粋を集めて創作されたる、驚嘆すべき芸術品ではないか。誰か、実用品を美でないというか。現に、建築美のごときは、丈夫、安全、堅牢《けんろう》等を最要の原素とするのではないか。

美術といい、実用品という、単に人間の勝手に造った、ある標準に従った分類に過ぎないので、少し眼界を大にして、森羅万象を大観すると、皆これ同等の兄弟に外ならぬこと、凡人が醜悪と見るものでも、詩人の目に入ると、何物も美材たらざるなく、宗教家の目に入れば、犯罪人も可憐《かれん》の人間に映ずるのと、同様ではないか。

〔かくして、〕智育も、単なる知識欲のために、独立に施さるべきものではない。時には、徳育の意識を放擲《ほうてき》して、智育のみがなさるることが、往々あるのを認める。(3) これは、道徳的意識のない経済的生活があっても、これを怪しむものがないと同様に、不自然でないと考えられるからである。

教育の一分科としての体育(4)は、被教育者の幸福という一般的目的達成の一手段として施さるべきであるがゆえに、病弱の原因をなす不完全体格の予防および矯正、自発的健康手段の奨励ということに、区分して施さねばならぬ。この両項は、時に、切り離しておこなうことがあっても構わぬ。たとえば、半日学校制度に改まった場合には、学校体育に代わるだけの健康法に適する勤労がなさるるならば、遠慮なく、学校は譲ってよいというがごときを意味する。趣旨は、保健の目的に背反する、運動欠乏を拒《ふせ》ぐにあるからである。国民の大多数が、学校体操の不必要を立証するほどに、勤労にいそしましめねばならぬが、不完全体格矯正の目的としての体育だけは、現在における救済、および、将来に現れんとする欠陥を予防するため、あくまで、学校に保留しなければならぬ。そして、学校体育は、主として、この点において、組織せられ体系づけられねばならぬ。

いかなる場合においても、学校における体育は、被教育者それ自身の幸福を目的とする、一般的の生活の一手段として施されねばならぬということを、忘れてはならぬ。これは、彼の国民の多数の奨励となる以上は、少数の犠牲者を出してもやむを得ないといい、天才的の競技優勝者を出すことにのみ骨折っている、国民体育奨励会などと一致しない見解であるということは、心得ておかねばならぬ。それと同時に、被教育者側において、将来の幸福の正当なる一手段であると信じてなすところの自由を阻止し、または、拘束してはならぬことも、忘れてはならぬ。何処《どこ》までも、托《たく》せられたかわいい被教育者各自の幸福という大目的を常に眼中において、消極・積極両方面ともに、無理があって〔は〕ならないということは、(5)単に体育ばかりでなく、諸育に共通の原理である。

〔『全集・第五巻』、一〇三〜一〇六頁〕

(1) 彼の創造教育の方法を文学・芸術等の独占のごとくに考える一部の教育家に、一考を乞わねばならぬ。——ここでは、前節(2)のテキスト「新主張＝二育並行論」のなかで明示された系統的な図式〔本書八四頁。『全集・第五巻』、一〇〇頁〕をふまえながら、「価値創造教育」の中身が、「美・利・善」の三要素に即して、わかりやすく論述されているのである。

(2) 人生に関係ある価値——「人生は、畢竟、価値創造の過程である。」それゆえ、「幸福なる生活」を目指す教育は、「美・利・善」の価値を自在に発見・創造しうるためのものでなければならない。〔『全集・第五巻』、二一四〜二一五頁参照〕

(3)時には、徳育の意識を放擲して、智育のみがなさるることが、往々あるのを認める。——これは、具体的には、「知識の詰め込み主義」のことで、ヘルバルトが指弾した「教育しない教授」に相当する。創価教育学は、そのような問題を根本的に解決せんとして、「教育実際家」の立場から、樹立されたものなのである。〔『全集・第六巻』、三四一頁参照〕

(4)教育の一分科としての体育——牧口教育学は、「知・体の二育並行」を、基本的なパラダイムとして位置づける。しかも、健康の保持および増進は、幸福生活の第一条件なのである。

したがって、「学校体育」には、大別すると、二つのねらいがある、とされている。

一、病弱の原因となる不完全体格の予防と矯正

二、自発的な健康手段の奨励

そして、後者は、実際生活のなかで遂行できていれば、あえて学校でおこなう必要はないのだから、前者こそが、主たる目標になるはずなのである。

いずれにせよ、「体育」は、どこまでも、「被教育者それ自身の幸福を目的とする、一般的の生活の一手段」であることが、肝心になってくる。このことは、いかなる時、どんな場合においても、忘却されるべきではないのである。

(5) 被教育者各自の幸福という大目的を常に眼中において、消極・積極両方面ともに、無理があって〔は〕ならないということ——教育の本来の目的を銘記して、指導の方法ができる限り適切に遂行されること。ここでは、そのことが、厳然と示唆されているのである。「諸育に共通の原理」として、しっかりと味わわねばならぬ文言であるにちがいない。

第三章　民衆の、民衆による、民衆のための学校

第一節　教育の社会的使命

(1)　個人の幸福と社会の幸福

人間は、自然の力および物質を、増減することはできない。けれども、それを支配して、価値を創造することはできる。(1) 独創といい、発明というのは、これを意味する。世界の質量の総和に対しては、何らの増減する力は人間にないが、人間の利用厚生のためにする何物かを、変化したかたちにおいて、新たに存在せしめる力はある。それが、すなわち、発明であり、創造であり、独創であることは、自然の力によりて生産するのと、ちがいはないのである。

また、人間は、自分が自由に設定しまたは承認した、目的観に指導される。よって、目的観念は、人生の方向を指導するもの、ということができる。(2)

社会団体の要素たる被教育者それ自身の幸福とともに、社会全般の幸福のために、価値創造の能力を養成するのが教育の目的であることを容認したる以上、(3) ここに、われわれは、当然、徳育・利育・美育なる三方面(4)の分業的手段を容認せねばならぬ。ただし、この三方面は、一つの人格に統合さるべき三方面に過ぎないもので、一者単独で幸福なる人生に達せらるべきものではない。

〔『全集・第五巻』、一九六頁〕

（1）人間は、自然の力および物質を、増減することはできない。けれども、それを支配して、価値を創造することはできる。――人間は、自然の力や物質を、そのままで、または、変化させることによって、幸福をつかむために活用していくことができる。換言すれば、人間は、それを資源として、実際生活のなかで、「美・利・善」の価値を生産・増殖させることができる、ということ。

（2）目的観念は、人生の方向を指導するもの、ということができる。――目的観の大小・高低に従って、各々の人生の方向性が定まってくる。すなわち、「志」のいかんによって、それぞれの生きざまの、大きなちがいがもたらされるわけである。この点について、詳しくは、本書四〇～四四頁のテキスト「人格価値の要素」を参照せられたい。

（3）社会団体の要素たる被教育者それ自身の幸福とともに、社会全般の幸福のために、価値創造の能力を養成するのが教育の目的であること――一般に、いついかなる場面においても、個人と社会は背反するものである、と考えられている。しかしながら、牧口は、「国民あっての国家であり、個人あっての社会である。」〔本書七頁。『全集・第五巻』、一一四頁〕、と主張する。だから、彼は、「個人の幸福」と「社会の幸福」との両立を可能にしうる、「自他ともに幸福なる生活」〔本書一九頁。『全集・第五巻』、一四二頁〕を、一貫して志向するのである。

したがって、教育の要点は、社会意識を喚起して、「自他ともに、個人と全体との、共存共栄をなしうる人格」〔本書二二頁。『全集・第五巻』、一四三頁〕の持ち主を、陸続と輩出することにある、とされている。つまり、「価値創造教育（創価教育）」は、「人間性の変革」を手がかりとする、根底的な「社会の改造」を意図しているのである。

（4）徳育・利育・美育なる三方面――ここでは、たまたま、「美・利・善」の三要素が、「善・利・美」とさかさまになったかたちで、より重要なものから優先的に配列されているのである。

(2) 教育目的観の歴史的変遷

教育史を通覧するに、教育の目的観は、時勢の変遷に従って、種々に変化してきて、現在に至っている。(1) それが、果たして、ここで安定すべきものか。もし、安定しないで、将来なお変遷すべき運命を有するとせば、いかなる方向に進むべきか。これを判定するために、従来の変遷の跡を探究するを必要とする。すなわち、不規則なる偶然的変化の流れか、はた、その間に何か捕捉するだけの特質を有するか否か、ということである。

われわれは、かような点に注意を向けることにより、古来の変遷を統観《とうかん》(2)して、左の点に帰結することができるのである。

一、部分的より全体的に。

一技一能の養成というたような人格の部分的目的観から、善い人物とか役に立つ人物とかを目的とすることに変化したことは、直ちに看取できるところであろう。読・書・算というような目的観は、善良な人物へというよりは、人格上からは部分的というて差し支えはなかろう。善い人物というも、決して、読・書・算術をおろそかにしてもよいとは思ってならない。事実、善い人物をという親や教師の胸中には、当然、役に立つ人物という言外の意味を含んでいることを知るのである。これらは、教育の目的観が、個人的意義において、部分的より全体的に進化したことを物語るものであるが、さらに、これを社会的意義において見るときに、地域的の一部分の生活を目的としたのが、漸次《ぜんじ》に社会全体の生長のためにと進化し、また、一部の特殊階級に適応したる生活を目的としたのが、だんだんと全階級を目的とするようになったことを、認めることができるのである。

二、盲目的より明目的に。

また、はじめは、無目的、盲目的の状態にあった教育が、次第に明確なる目的観念をもって進行するようになったことを、認識することができる。何よりもまず、人間が生きるためには、環境に順応して、その生存権の確立をなさねばならない。しかして、その順序に、左の二方面がある。

第一次的確立　自然的環境に対し

第二次的確立　社会的環境に対し

組織的・意識的・有目的〔な〕教育のもっとも最初におこなわれるのは、後者の階級である。ディルタイのいわゆる「歴史に徴するに、個々の精神科学の生成は、実は、ある特殊階級の職業教育の必要に応ずるというところから始まっている。(3)」ということは、無目的より有目的への教育の生長の過程を物語るものでもある。

また、次のごとくも、いいうるのである。

第一期、所属の階級に適するよう、個人生活の一部分を教育の目的とした時代。

貴族階級では、地位を保つだけの品位を備えるための道徳・文学を、武人の階級では、文学よりは武士道と武芸を、商人階級では、商業用の読・書・算等を。

第二期、すべての階級に共通するよう、個人的生活の全面を円満に発展させんとする時代。

すなわち、個人以上の団体生活は、いまだ明瞭に意識せず、個人の生活が最高の理想と思われた時代。すなわち、大衆を自己の栄達の手段と考えた英雄専制政治の時代で、また、これに反抗して、個人の無限の自由を要求する時代。

第三期、社会的団体生活が意識にのぼり、個人はその要素たるに過ぎないと自覚し、円満な社会的公共団体の生活をもって、真の幸福と考えられる時代。

すなわち、英雄・政治家などが、社会の民衆を自己生存の手段とすることなく、社会生活の必要に、自己の生活を提供して貢献するに至る時代。

現在の教育が第三の期に達しているか否かは、いまだ疑問のようであるが、将来の教育は、まず、この目的観の確立によって促進されねばならぬ。(4) どこの民族においても、蒙昧《もうまい》(5)の世において、教育の必要をはじめて感じ、これを経営する時代にあっては、ただ、茫漠《ぼうばく》たる目的をもってする。次で、漫然と処世上に役立てるためという教育の目的観は、時代の変遷によりて、部分的より全体的に、無目的より有目的に向かって変化してくるのは、前述のとおりである。この変化の跡を見渡して、これを教育の客体たる被教育者の数量的増加および階級的拡張(6)と比較対照して見ると、その間に密接の関係があって、それが目的観〔の〕変遷に因果的の関係をもって、必然の径路を辿《たど》って進化しつつあるのを認むることができる。余は、これを、左のごとく表現することをもって、真に近いと思う。

一、無意識より有意識へ、すなわち、盲目的観より明目的観へ

二、盲目的観より道徳的生活の目的観へ

三、道徳的生活より、なお広き経済的・物質的生活の目的観へ

四、経済的・物質的生活の目的観より、なお広き文化生活の目的観へ

〔『全集・第五巻』、一九七〜二〇〇頁〕

（1）教育史を通覧するに、教育の目的観は、時勢の変遷に従って、種々に変化してきて、現在に至っている。――教育のあり方は、各々の時代と社会によって、種々の様相を呈してきた、ということ。これは、哲学的な思索に依拠しながら、あるべきすがたを追求するのとは異なって、社会学的観点から、事態をありのままにとらえる姿勢を示唆するものである。

事実、教育の目的・内容・方法等は、歴史の推移とともに、社会の必要に応じて、さまざまに変化してきた、といえるだろう。そこで、牧口は、教育目的観の変化ないし進化過程に関する考察から、まずもって、二つの法則（部分的より全体的に、無目的より明目的に）を見いだし、そのうえ、さらに、三つの時代（個人的生活の一部分を目的とした時代、個人的生活の全面を目的とした時代、円満な社会的生活を目的とする時代）を画して、最終的には、四つの時期を設定するに至っているのである。

（2）統観――事態を統一的または統合的に観察する。もしくは、複雑多岐にわたる事柄を、一つのまとまりと見立てて、それらを全体的に把握していくこと。

（3）「歴史に徴するに、個々の精神科学の生成は、実は、ある特殊階級の職業教育の必要に応ずるというところから始まっている。」――この文言は、勝部謙造著『ディルタイの哲学』（改造社、一九二四、一二三頁）から引用されたものである。そして、ここでは、教育が、社会の必要に即して展開されてきたことが、述べられているのである。

（4）将来の教育は、まず、この目的観の確立によって促進されねばならぬ。――教育の内容・方法等は、目的いかんによって定まってくる。それゆえ、これからの教育を考える場合には、いつの時代、どこの社会でも、「子どもたちの幸福」・「自他ともの幸福」が真の目的であることを、不動のものとしなければならない。この最初の第一歩がズレていれば、教材の選択・排列が首尾よくなされ、合理的な方法が採用されたとしても、結局は、おかしな結果をまねくことになるのである。

（5）蒙昧――知識を幅広く奥深く学ぶことができなかったために、視野が狭く、思考も浅く、物事の道理に精通しえないようなありさま。

（6）被教育者の数量的増加および階級的拡張――たとえば、小学校（尋常・尋常高等・高等）の校数と、児童および教員の数は、次のように移り変わっている。

年代	小学校数	児童数	教員数
明治三三年（一九〇〇）	二万六八五七	四六八万三五九八	九万二八九九
大正四年（一九一五）	二万五五七八	七四五万四六五二	一六万二九九二

昭和五年　（一九三〇）　二万五六七三　一〇一一万二二二六　二三万四七九九

〔『日本近代教育史事典』参照〕

二〇世紀の最初の四半期の間に、わが国の初等教育は着実に普及していった。しかも、第一次世界大戦以降は、「教育の機会均等」理念が広く意識されつつあったことと相まって、「中等教育の大衆化」への動きが、次第に促進せられていくのである。〔本書一七頁の注（4）「中等学校」を参照〕

（3）人材の養成が国家発展の根本義

政治においては、国民の意見をもっとも公平に代表する、普通選挙にもとづく立憲政体[1]がすでに実現され、経済においては、階級間の闘争から共存共栄が次第に理解されんとし、道徳においては、社会意識にもとづく貢献的生活、学問においては、社会学の発達が次第に完成に近づかんとし、漸次に高唱せられ、かくてフランス革命[2]によって覚醒された個人本位の思想が、〔第一次〕世界大戦によって、今や、社会本位の精神に革《あらた》まらんとしている。これらの明確なる意義の基礎上に建ってこそ、世界唯一の国体として発達してきたわが国[3]に、理想郷が実現するであろう。

この欲求を裏切る現実社会の醜悪が、精神上の欠陥に基因すること、前陳のごとし[4]とすれば、これが救済は、教育によってなされなければならぬ。教育も、終局においては、最高なる宗教の力にもとづかねばならぬのであろう[5]が、しかし、昔、思想善導を一手に引き受けていた僧侶ないし宗教家が、ほとんど信用を失墜して、活社会と絶縁した今日では、教育のみによる外《ほか》には、具案的方策は立たないであろう。

しかも、労のみ多くして功果の少なき行政・司法等の懲悪機関の活動よりは、禍害を未然に防止する教育機関の活動に俟《ま》つをもって、もっとも有効かつ経済的な国策とすべきであろう。

しかして、その教育機関中においても、独立研究の奨励によって事足るほどの高等教育に国費の多分を使うよりは、苗床《なえどこ》において十分の営養肥料を施すことに比ぶべき初等教育に、主力を傾注すべきである。

しかして、初等教育においては、何よりもまず、もっとも中心根柢の教育機関たる、教師の改善・進歩に主力を尽くさねばならぬ。

これは、単に、教育に携わる小範囲の顧慮に留まらず、国民のすべてが、ことごとく、この点を理解して、教育の国策を建てねばならぬ。

国家社会は、真に教育の価値と使命を理解して、これが政策を確立し、外部より教育機関の督励・擁護を怠らないことにし、これに対して、教育者は、国家社会の非常なる経済的負担を洞察し、内部より、能率増進に向かって、教育事業のすべてを改善しなければならぬ。


法規を運用して機能を発揮する機関が、従来のように不完全な状態では、いくら法規を改めても、制度の整頓がされても、改善の目的の達せられるはずがないのである。人材が国家社会の根柢であるから、教育の改良においても、何よりもまず、機関に充当さるべき人材の改善が基礎にならねばならぬ。富よりも、財産よりも、人材の養成が国家発展の根本義であるということに、ようやく目醒めはじめた日本の社会は、教育の改造においても、何よりもまず、機関の改造から着手しなければならぬことを、覚《さと》らねばならぬ。(6) 迂遠《うえん》のようでも、急がば廻れで、この基礎のうえでなければ、一切の改革も、畢竟《ひっきょう》、砂上の楼閣であることを、忘れてはならぬ。

〔『全集・第六巻』、三四〜三六頁〕

（1）普通選挙にもとづく立憲政体――「立憲政体」とは、憲法を基礎とする政治体制のこと。わが国は、第二次世界大戦が終結するまで、天皇制を基礎とする立憲君主制のかたちをとっていた。すなわち、明治二二年（一八八九）に発布された「大日本帝国憲法」のもとで、一応のところは立法・司法・行政の三権が分立し、不十分ではあれ、国民も政治に参加することができるようになっていたのである。

そのなかで、いわゆる「大正デモクラシー」運動は、大正一四年（一九二五）に、原則として二五歳以上の男子すべてに衆議院議員の選挙権が与えられる、「普通選挙法」の成立をもたらした。そして、昭和三年（一九二八）に第一回の普通選挙がおこなわれ、憲法にのっとって、議会の勢力を反映するところの、政党政治がとにかく確立されることになるのである。

なお、「普通選挙」については、本書一六三～一六四頁の注（6）「普選」を参照のこと。

（2）社会本位の精神――平たくいえば、利己心にとらわれて、自分本位に終始するのでなく、「社会全般の幸福」〔本書一一二頁。『全集・第五巻』、一九六頁〕をも強く意識した振る舞いをなす、ということ。なぜなら、「真の幸福」を勝ち取るためには、「幸福・安楽の共同生活をいとなむことのできる円満平穏なる社会の創造」〔本書一九頁。『全集・第五巻』、一四二頁〕が、必須不可欠になってくるからである。

（3）世界唯一の国体として発達してきたわが国――一般に、「国体」とは、主権または統治権の所在に従って定められる、国家体制のこと。ここは、いうならば、万世一系の天皇が君臨していた「大日本帝国」の構造的な特質を、示唆しているのである。当時は、そうしたとらえ方が、ごく当たり前のこととされていたのであった。

（4）現実社会の醜悪が、精神上の欠陥に基因すること、前陳のごとし――たとえば、牧口は、「階級闘争、生活困難、思想混乱、世相険悪等々」の、このうえもなく不安定な国状の原因は、「思想を指導する教育ないし教化機関の麻痺」、つまり、「教育教化の源泉枯渇」にある、と喝破しているのである。〔『全集・第六巻』、一五頁参照〕

（5）教育も、終局においては、最高なる宗教の力にもとづかねばならぬのであろう――本テキストは、『体系・第三巻』「第四編教育改造論」の「第一章教育改造政策の要諦」から抜粋したものである。そして、同巻が刊行された昭和七年（一九三二）の七月といえば、原著者は、すでに、日蓮大聖人の仏法への帰依を、揺るぎないものとしていたにちがいない。

しかしながら、ここでの論述は、いくぶん遠慮がちであるように思われる。ゆえに、この時点では、まだ、「南無妙法蓮華経と創価教育学との関係性」については、判然と見きわめられてはいなかったかもしれないのである。【→補注11】

（6）日本の社会は、教育の改造においても、何よりもまず、機関の改造から着手しなければならぬことを、覚らねばならぬ。――「富よりも、財産よりも、人材の養成が国家発展の根本義である」にもかかわらず、社会の各方面における行き詰まりの根源は、ことごとく人材の欠乏に帰し、人材の欠乏は、ほかならぬ、教育方策の失敗によっている〔『全集・第六巻』、二五頁参照〕。したがって、教育改造の焦点は、人材養成の苗床たる「初等教育にあてられるべきであり、なかんずく、「もっとも中心根柢の教育機関たる、教師の改善・進歩に主力を尽くさねばならぬ。」教育の刷新が検討される際には、いつも決まって、画一を打破し形式を脱皮せよとの批判が高まってくるけれども、結局のところは、一番重要な教師の教育技術が向上しなければ、すべては「砂上の楼閣」になってしまうからである。〔本書五八頁の注（8）「師範教育根本的改革案」を参照〕

第二節　生活と学問の一体化

(1) 実際的教育の必要性

二　多数の学校は、上級学校の準備教育に堕して、真の教育——国家生存の目的に合致した——を施していない。(1) これは、卒業に附随する特権の弊にもとづき、卒業生はこの特権の獲得を幸福生活の唯一の手段と考え、それを目標として上級の学校に進む。かくて、学校教育は、まったく人生全般の目的から外れた方向に走ったのが、今日の教育の現状である。人材の需用が供給を超過した時代は可とするも、今や、飽和状態を越えているに至った。今にして特権を廃止しなければ、陥穽《かんせい》(2)を造って、青少年を誘惑して、堕落せしめるようなものである。国民の多数は、いまだ、時勢の推移を洞察して、これに処するだけの明《めい》を欠き、この特権がいつまでもつづくものとして、学校に集まる。教育中毒(3)に掛かりつつあることを、自覚していない。

三　教育の非実際的なること。(4) 教育制度の画一・不画一は、問題にならぬ。教育制度の画一が必要以上にされているのは、欠陥の一つには相違ないが、一方には、必要程度にまで統一されない弊も、たしかにある。ゆえに、それよりは、教育が実際的でないことを、矯正せねばならぬ。

四　教育の不生産的なること。(5)

1　生産的として、教育を経済上に限定するは、やや偏狭に失するが、利・善・美三方向の価値創造を目的とする教育が十分に施されていないで、途中から別方向に別れている。

2　勤労教育が、創価教育の目的から出て来ねばならぬ。いわゆる役に立つ教育は、今の非実際教育に懲《こ》りた社会には、大旱《たいかん》に雲霓《うんげい》を望む(6)がごとく、歓迎されやすい。けれども、卑近なる実用主義に堕するのみであっては、かえって、反動から、また、反対の弊害を醸《かも》すに過ぎないことになろう。熟慮断行を要するところである。部分的の実用と全体的の実用とを、区別して考察するを要する。

〔『全集・第六巻』、一八九〜一九〇頁〕

（1）二　多数の学校は、上級学校の準備教育に堕して、真の教育――国家生存の目的に合致した――を施していない。――すでに触れておいたように、牧口は、教育病理の根本的な治療法を見いだすために、一三点にわたって診断的な所見を述べている。本テキストは、その第二・第三・第四の項目に該当するものである。〔本書八九〜九〇頁のテキスト「知育偏重論議批判」、および、【補注10】を参照〕

第二項では、激しくなった受験競争の行く末について、憂慮の念が表明されている。多くの学校が進学準備の学習に熱を上げており、社会のなかには「教育中毒」が蔓延しかかっている、というのである。

ちなみに、「卒業に附随する特権」については、本書一三四〜一三五頁の注（5）「学校卒業に附随する特権を廃止し」を参照していただきたい。

（2）陥穽――獣などを捕らえるための落とし穴。わな。人をあざむくはかりごと。

（3）教育中毒――これは、いわゆる学歴または学校歴信仰に心を奪われてしまった人々にとって、まことに痛烈な警鐘であるにちがいない。

（4）三　教育の非実際的なること。――第三項では、教育の制度や内容・方法などが、画一的であることよりも、むしろ、実際生活とかけ離れていることの方が、よりいっそう重大な問題である、と訴えられている。たとえば、空理空論にふける「文明人の学問中毒」〔『全集・第六巻』、三二九頁〕は、その一つの典型的な症状なのである。

（5）四　教育の不生産的なること。——第四項では、子どもたちに対する指導が、価値創造力を磨けるようになってはいないから、生産的ではない、と指摘されている。そこで、牧口は、安易な「実用主義」に陥ることなく、「勤労教育が、創価教育の目的から出て来ねばならぬ。」、とするのである。

なお、「創価教育」については、本書四七〜五〇頁のテキスト「価値ある人格の育成」と、【補注4】を参照。

（6）大旱に雲霓を望む——普通は、「大旱の雲霓を望む」、と表記する。大日照り（大旱）のときに、雨の前ぶれとなる雲や虹（霓）を待ちこがれる、ということ。転じて、危急存亡の折りに、聖者や賢者の出現を切望したり、特効薬となるような施策を希求すること、などをさす。出典は、「孟子、梁恵王」。

（2）独自の学制改革案

試みに、本書提出の学制改革案の要目を、左に列挙する。[1]

一　知識すること、および、価値創造の指導を教育の主眼となし、[2]学問専攻という片輪の生活をさせずに、学業並行の生活をなさしめつつ、広い意味の教育経済の手段によりてこれが達成を期するという、前項の先決問題[3]からして、初等・中等・高等の教育全体に対して、根本的に整理・改廃ならびに補充をはかること。

二　各階級の諸学校の教育の実際化をはかり、就学を強制せずとも学校が立ち行くように、生活に即した教育を施すこと[4]に改良すること。

三　学校卒業に附随する特権を廃止し、[5]特別の職業に要する人物は、特定の試験制度を設け、これによりて得ることとなし、もって、準備教育の自然消滅、入学難の除去を期すること。

四　学校教育の社会生活化をはかり、[6]もって、無意識的の社会生活者を意識的になさしめ、ついに、その計画的生活にまで導くように、教育を改革すること。しからば、画一主義の利弊等の問題は、おのずから解決するであろう。

五　教育の個人生活化をはかり、[7]学校を特権階級もしくは知能発達の優秀者等の独占に委《まか》することなく、ことに、社会生活上に有害なる劣弱階級に公設教育機関の恵沢《けいたく》が多く及ぶようにし、もって、教育機会均等の精神を表現すること。

六　教育能率の増進の強調および奨励の目的をもって、各方面の教育方法の研究奨励をなすこと。(8)

七　以上の改良教育の負担に堪《た》えるだけの人材を得るために、教員養成機関の改造をなすこと。すなわち、師範教育の改革。(9)

八　教員の検定制度および登用制度の改革。(10)

九　教権確立のために監督権の制限をなすとともに、学校の自治機関を指導すること。(11)

一〇　教育行政および教育統制の諸機関の整理・改廃をなすこと。(12)

一一　教育争議調停機関ならびに教育擁護機関の指導奨励。(13)

一二　教育研究機関の設定。(14)

一三　教育方法の改良とともに、教育材料として重要なる国字の改良(15)に着手すること。

〔『全集・第六巻』、一九八～一九九頁〕

（1）試みに、本書提出の学制改革案の要目を、左に列挙する。――本テキストは、『体系・第三巻』「第四編教育改造論」・「第九章学制改革案論」の「第四節学制改革の目標ならびに要領」から抜粋されたものである。それゆえ、「本書」とは、今日からすれば、『体系』（全四巻）をさしているのではないかとも考えられるが、ここでは、とりあえず、『体系・第三巻』のことである、としておこう。

（2）知識すること、および、価値創造の指導を教育の主眼となし――「知識する」（真理の認識）と「創価する」（価値の創造）の両輪は、「創価教育思想」の根底的な基軸にほかならない。だからこそ、創価高等学校の「校訓」（五項目の指針）のなかでは、「真理を求め、価値を創造する、英知と情熱の人たれ。」との命題が、第一番目に掲げられているのである。【→補注12】

（3）前項の先決問題――牧口は、学制改革を論じる場合、少なくとも、三つの先行課題がある、といっている。

一　知識の伝達主義を排して、知識することの指導に改め、そのうえで、価値創造の指導に主眼をおくようにすること。

二　個人の幸福からも、社会の要求からも、学校における一般的な普通教育と、社会のなかでの個別専門的な実業教育とを、少・青年期を通じ、並行しておこなうこと。

三　教育経費の節約はもとより、それよりはるかに重大な、「学習の経済化」を確実に推進するために、教科の整理（教材の選択・排列）を総体的にやりなおし、教育方法の改良をはかること。

さらに、以上の三点をふまえて、「学校は『官営か民営』かの何れを主とするのが時勢に適当するか」、「学制改革の立案者は、誰がもっとも適任か」、「被教育者就学の時期を、いかに限定するか」、などについても、真剣に検討すべきである、というのである。〔『全集・第六巻』、一九五～一九六頁参照〕

（4）就学を強制せずとも学校が立ち行くように、生活に即した教育を施すこと――生活に根ざした実際的な教育は、興味を喚起するものであるだろう。それは、きっと、自発能動的な学習を促進するにちがいない。現場の教師は、保護者や社会の大人とともに、生き生きと学ぶ子どもたちを、陰に陽にサポートすればよいのである。

（5）学校卒業に附随する特権を廃止し――昭和戦前・戦中期まで、高等教育機関は、女性に対して、ほとんど門戸開放されていなかった。そして、官民いずれの領域においても、学歴・学校歴に従って、雇用条件（仕事内容・給与など）が決定されるようになっていた。

しかも、帝国大学の卒業生には、高等文官試験が免除される場合があったし、旧制の高等学校・大学等の卒業生は、ほぼ自動的に、該当分野の中等教員になることができたのである。

「学歴社会」は、社会の仕組みが属性原理から業績原理へ大きく転換していく過程のなかで、機会均等化を考慮した競争試験制度が導入されることにより、ある意味で人類の知恵として生み出されているのである。しかし、学校制度が社会のなかに浸透すればそれだけ、今度は、獲得された学歴・学校歴が、新たな属性としての重みをもってくる。

ゆえに、卒業に伴う特権を廃止して、それぞれの職業に応じた特定の試験制度を設けよとの提案は、当時においては、まさに斬新的な着想であった。それは、「学歴社会」の陥穽を克服せんとする、よりいっそう業績主義的手立てであったとしても、決して過言ではないのである。

（6）学校教育の社会生活化をはかり――「生活と学問の一体化」（生活の学問化・学問の生活化）を成し遂げるべく、教育の内容と方法とを根本的に改めていく、ということ。そして、これには、次の二つがポイントになってくる。

第一に、教材の選択・排列が実際生活を反映するものになれば、「教授＝学習過程」は、おのずと、多種多様にならざるをえない。したがって、伝授主義と画一主義の害悪は、必ず克服されていくはずである。

第二に、「社会のなかの学校」（社会の反映としての学校）と「学校のなかの社会」（社会の模型としての学校）という、双方の観点から、社会的共同生活の場としての学校のあり方が、再検討されなければならない。とにかく、子どもたちが、ともどもに、なかよく・たのしく生活しうることが、もっとも大切なのである。

（7）教育の個人生活化をはかり——端的に言えば、教育は、子どもたちの個性を尊重し、それぞれの置かれた状況に配慮しながら、可能な限りあまねく平等でなければならぬ、ということ。なぜなら、現代社会の学校は、「意図的・組織的な社会化」をなすと同時に、ひとりひとりの「個の確立」に資することが、要請されているからである。

（8）各方面の教育方法の研究奨励をなすこと。——教育研究の核心部分は、経済化をはかり、能率を増進させる、教育方法の改良・改善に存している。つまり、制度・機構の改編が施され、経済的な基盤の整備がなされても、肝心の教師の力量が向上しなければ、いかなる改革といえども、結局は、水泡に帰してしまうことになるのである。

（9）師範教育の改革。——『体系・第三巻』「第四編教育改造論」の「第六章（甲）師範教育改造論」〔『全集・第六巻』、一〇八～一三〇頁〕を参照。

牧口によれば、「師範教育」には、左記のような三方面がある、とされている。

一、教育材料の学修。　二、教育方法の修練。　三、師範人格の修養。

(10) 教員の検定制度および登用制度の改革。——これについては、『体系・第三巻』「第四編教育改造論」・「第三章教師即教育技師論」の「第三節教師の必要資格はいかん」〔『全集・第六巻』、七一～七九頁〕、および、「第四章小学校長登用試験制度論」〔『全集・第六巻』、八八～九八頁〕を、参照していただきたい。

(11) 教権確立のために監督権の制限をなすとともに、学校の自治機関を指導すること。——『体系・第三巻』「第四編教育改造論」・「第八章教権確立論」の「第一節学校自治権確立の急務」〔『全集・第六巻』、一五九～一六五頁〕を参照。

「教権確立」とは、現場の教師たちが、ある程度の範囲内において、相対的に自律しうることを意味する。すなわち、それは、「不義横暴の圧迫が排除せられて正義公平の権力が擁護され」、教育の目的が実現される方向へ邁進しうるように、「学校自治権」をしっかりと保持し増進させていくことなのである。

(12) 教育行政および教育統制の諸機関の整理・改廃をなすこと。——『体系・第三巻』

「第四編教育改造論」の「第七章教育統制機関改革論」〔『全集・第六巻』、一四二〜一五八頁〕を参照。

牧口によれば、国家の行政権は、原則として、現場の自治を尊重しながら、弊害が生ずるのを防ぐ、消極的な作用に限定されることが肝要なのである。したがって、彼は、従来の「視学制度」のような強圧的なものは廃止せよ、と主張する。ただし、教育行政の場合には、他の分野とは異なって、積極的・進取的な取り組みが必要になってくるから、全体的な視野に立った「教育参謀本部」の設立が、提唱されているのである。

(13) 教育争議調停機関ならびに教育擁護機関の指導奨励。――『体系・第三巻』「第四編教育改造論」・「第八章教権確立論」の「第四節教育争議調停機関論」〔『全集・第六巻』、一七〇〜一八一頁〕を参照。

そのなかでは、次のごとき三方面の機関を設置することが必要である、とされている。

一、教育争議調停機関。　二、教育懲戒機関。　三、善良教員の擁護機関。

しかも、牧口は、永い間、専制主義の統督に慣れてきた日本の教育界も、時代の趨勢に応じて革新されねばならぬ、と述べているのである。

(14) 教育研究機関の設定。――『体系・第三巻』「第四編教育改造論」の「第六章（乙）

国立教育研究所論」〔『全集・第六巻』、一三一～一四一頁〕を参照。

牧口が構想していた「国立教育研究所」は、教師の教育方法、教育技術に光をあてており、以下の三部門によって構成されるものなのであった。
一　創価教育学を実現しうる高級な教育技師を養成する高等の師範学校。
二　創価教育学の実験証明をおこなう附属小学校。
三　教育事業の成績に関する独自の調査機関。
(15) 国字の改良――『体系・第四巻』「教育方法論」の「第二編教材論」・「第四章国字改良問題」〔『全集・第六巻』、四〇八～四一八頁〕を参照。
牧口の「国字改良案」を象徴しているのは、「教育の経済化」の観点から、仮名文字のサイズを縦方向へ二分の一に縮小し、原稿用紙であれば一マスに二文字を記入する、「半仮名文字」を採用せよ、というものであった。

(3) 半日学校制度の意義

わが邦《くに》の教育制度に大改革を施し、小学より大学校までを通じて半日制度たるを本体とせんとする理由は、何人《なんぴと》もが容易に考えうるであろうところの、経済上の経費節約はいうまでもないが、それ以上に、勤労に堪えるだけの訓練を、少年時代より始めて青年時代に及ぼし、学校と家庭と提携することによって、勤労嗜好の習慣を養成せしめんとするにある。今日までは、一般学生は、学問専修の生活にのみ偏したがため、筋肉訓練の機会を逸して、勤労嫌厭《けんえん》の念を生ずるを免れ能《あた》わざるがゆえに、この弊害を防止し、学校生活に侵された中途半端の時間として放棄されていた半日の時間を勤労の奨励・指導に転ぜしめ、家庭の実業を手伝わしめるか、または、特殊設備の田園・工場ないし補習学校等の勤労に従事せしめて、もって、従来の教育制度に伴った身心の不均衡、動感両神経系統の不平衡の発達にもとづく神経衰弱患者の発生、いわゆる怠惰者の発生を防止し、少年時代より社会の生産活動に参加せしめんとするのが、余の半日学校提唱の最大理由である。すなわち、文武竝修《へいしゅう》の武士階級の青年より武術練習を廃除し、また、平民の青年より同様に実業の修練を排除して、学問専修の学校生活をなさしめたのが、明治新教育の改革であった。この結果は、高等遊民の増殖をうながし、蕩々《とうとう》として父祖の遺業を離れ、官吏・準官吏等の給料取り、いわゆる精神労働者となり、社会の寄生的生活に入ることを余儀なくせしめて、現今の行き詰まった世相に至らしめた。

(1) (2) (3)

学習訓練には少年時代が一番適当であって、この好時期を逸すれば再び回復すべからざる損失を人間の一生に及ぼす意味において、少年時代は最善の教育時期とされていると同様な理由で、勤労の習慣も、この時期を逸しては取り返しのつかないことは、彼《か》の中年以後における職業の転換が容易でなく、ことに、勤労を要する職業への転換がほとんど不可能とされているのでも、わかるところである。

かつて、英国の実業家が団体をつくって、米国を視察した結果、少年は一二三才の時代に実業徒弟の訓練をさせないでは真面目な勤労生活はなしうるものではないという報告書を発表したのを見た、三〇年前の記憶[4]が、今もなお、剴切《がいせつ》[5]な言として、忘るる能わざるところである。

このことは、現に、大都会の商工業者が、労働搾取《さくしゅ》の意味でなく、少年徒弟を田舎より募集しており、高等小学校[6]を卒業したくらいの年齢ではすでに真面目な実業に従事は遅いと見なしているのは、彼らが多年の苦い経験からの結論で、昔の年期奉公の習慣[7]とも一致の趣旨である。つぶさに実業社会の状態を観察すると、古今東西の輿論は、この点において合致しているのである。かかる人生のもっとも印象深かるべき教育の重要時期において、学問智識のみの生活は、実業的教育の方面よりいうならば、それだけ実業練習の好時期を侵害しているわけになるゆえに、余の主張には、真面目に国民の将来を憂える老練実業家の双手《もろて》を挙げて賛意を表すところであろう、と思うのである。

半日学校制度提唱の他の一つの理由は、徹底的な実業教育、指導教育に存する。すなわち、社会も渇望し、父兄、本人も希望するのは、将来〔において〕実業社会の生存競争に堪えうるだけの職業的訓練である。作業教育、勤労教育の施設[8]が、一見これまでの欠陥を補充するに足るものとして、新しい教育者たちには無暗《むやみ》に歓迎されんとしているようであるが、仔細に考えてみると、これは、従来の欠陥があまりに深酷《しんこく》なるために、渇者の水におけるがごとく、取捨選択に遑《いとま》なき状態にあるので、一時は夢中で迎合するにしても、かようなる姑息な手段では真の実業教育は覚束《おぼつか》ない、と信ずるのである。これは、もっとも作業主義だといわれる簡易農学校[9]の卒業生でも、やはり、大概、実業的な精神労働である事務の俸給生活者になっていることでも、察することができるであろう。

〔『全集・第六巻』、二一三～二一五頁〕

（1）わが邦の教育制度に大改革を施し、小学より大学校までを通じて半日制度たるを本体とせんとする理由――本テキストでは、「半日学校」を提唱する理由に関して、「経済上の経費節約」のほかに、次の二点が挙げられている。

一、少年時代より青年時代に至るまで、社会の生産活動に参加せしめて、勤労嗜好の習慣を十分に養成する。

二、将来において実業社会の生存競争に堪えられるだけの職業的訓練として、徹底的な実業教育、指導教育を推進する。

そして、第一の点が、最大の理由である、とされているのである。

なお、「半日学校制度」については、本書五四～五五頁のテキスト「五項目の指針」、六六～七〇頁のテキスト「教育能率の増進」、さらに、【補注5】、などを参照せられたい。

（2）補習学校――これは、小学校教育の補習と、簡易な職業に必要な知識・技能を授けることを目的とし、明治二七年（一八九四）から設けられた、「実業補習学校」のことをさす。教科目としては、修身・読書・習字・算術および実業があり、男女別学、三か年以内の年限になっていた。

授業は、主として、夜間・日曜におこなわれていたが、ところによっては、季節を区切って実施される場合もあったようである。管理運営は各府県ないし市町村が担当し、入学資格、学級編成には融通をもたせ、修業期間や教授時数は地域の情況によって定められていた。また、当初は「補習」が重視されたが、大正九年（一九二〇）以降は、「職業教育」と「公民教育」の二つが要点とされるようになった。

（3）明治新教育の改革――明治時代になって、国家主導のもとで近代的教育制度が新たに構築されたのは、まことに大きな前進であった。ところが、結果的に、就学期間中は「学問専修の生活にのみ偏した」かたちになり、実際の生活と学校での学習とがバラバラになってしまっている。原著者は、そのことが大変残念である、というのである。

ちなみに、「高等遊民」は、高学歴にもかかわらず、ブラブラと暮らしている人たちのこと。「精神労働者」とは、いわばホワイト・カラーのことであろうか。ここでは、現場における生産労働従事者たちの寄生的な存在として、とらえられているのである。

（4）三〇年前の記憶――三〇年前といえば、原著者は三〇代の前半。明治三四年（一九〇一）に北海道から上京して、間もないころのことであろうか。ただし、現時点では、誰のどんな報告書に接したのか、定かでないのが実情である。

（5）剴切――非常に的確であること。何と適切であるかと、感嘆しているようす。

（6）高等小学校――尋常小学校の上に設置された、初等教育の課程。明治一九年（一八八六）の「小学校令」によって成立し、昭和一六年（一九四一）に「国民学校」が発足するまでつづいている。始めは四年制であったが、明治二三年（一八九〇）以後は、二年制・三年制・四年制の三種が認可されていた。明治四一年（一九〇八）四月に、義務教育年限が延長されて、尋常小学校が四年制から六年制になってからは、二年制を原則として、三年制も認められている。

もともと、高等小学校は、尋常小学校での教育をさらに進めて、国民として必須な初等普通教育を、完成する場として考えられていた。けれども、尋常課程が六年間になった後は、中等学校へ進学できない大多数の子どもたちを対象とする、実生活への準備教育機関という性格をもつことになる。学校制度上は袋小路の位置にあったが、昭和一六年には「国民学校高等科」と改称され、第二次世界大戦後は新制中学校成立の母胎となっているのである。

（7）昔の年期奉公の習慣――一般的には、「年季奉公」と表記する。「年季」ないし「年期」とは、奉公人を雇う約束の年限、もしくは、長年の修練期間。ここは、主家に仕え、長い時間をかけて、仕事をおぼえていくことを意味している。

(8) 作業教育、勤労教育の施設――「作業学校」、「労作学校」、「勤労学校」ともいう。従来の「学習学校」または「知識学校」では、書物を中心とする主知的な傾向性が強く、児童の活動は受動的・消極的になりがちであった。ゆえに、それらの学校は、心身の全体的活動を重視して、実際的・生産的な作業を教授上の原理とする、新たな教育を展開しようとしたものである。

「作業教育」の意義については、ルソーやペスタロッチにまでさかのぼることができる。しかし、このことばは、二〇世紀の初頭において、学校教育と生産労働を結合させ、そのうえ、さらに、道徳教育的な要素をも加味しようと腐心した、ドイツのケルシェンシュタイナー(一八五四~一九三二)がはじめて用いたことによっている。その理論と実践は、大正末から昭和初期にかけて、わが国の教育界にも多大な影響を与え、作業をとおした全人教育として広められていたのである。

(9) 簡易農学校――「簡易農学校」に関する規程は、明治二七年(一八九四)に、一連の実業教育法令の一つとして定められている。文部省の指導のもと、学科程度や学年の長短に弾力性をもたせ、夜間や農閑期を活用するなどの工夫をこらし、義務教育を終えた農家の子弟などが近づきやすい学校として設置されたものである。内容的には、農商務省管轄の「農事講習所」と同様に、農作業にかかわる実用的な知識・技能を授けることを主眼としていたようである。

第三節　誰のための学校

（1）　幸福実現の指導

人間は、個体の完成によってのみでは、幸福の生活は遂げられぬ。共同生活団体の一員としてのみ生活が可能であるゆえ、その団体の完成によってはじめて、幸福の目的が達成される。されば、幸福実現の指導を目的とする教育[1]においては、まずもって、所属の社会に順応するだけの生活力を得〔せ〕しめるとともに、さらに進んで、社会の完成に努力しうるだけの能力の涵養《かんよう》までを指導しなければならぬ。

今の教育体系のすべてにわたっての重大なる欠陥は、この高い目的たる社会生活の意識的な遂行に対して、何らの系統的な施設がされていないことである。

一、個体生活の完成の指導に対しては、もっぱら主力が注がれているようにはいわれていても、この実利的価値の創造についての意識的・系統的の施設は、一向〔に〕なされていない。もとより、まったく無いとはいわない。ただ、断片的で無意識的で、まとまった考えのものに教育が組み立てられていないということである。封建制度における武士階級のごとく、経済生活は考えずともよい状態ならば、「何ぞ利をいわんや、ただ仁義あるのみ」を、教育の唯一信条としてもよかろう。しかし、四民平等の世となり、何人でも経済生活が日常の大部分であり、経済的の独立が人生の第一基礎である以上、これを意識して教育手段を講ずることにいささかの異論はないところであり、しかして、このことは幸福生活の大部分を占めることが、ハッキリと意識されたなら、それに対して系統立てた幾多の方案が、現在の教科以上または以外において攻究されねばならぬ。これは、ことさらに、縷説《るせつ》を要せぬところであろう。

かくして、利的価値の創造を指導することが、教育の重要職能と意識するときには、天然・人事の両界にわたった環境を教材に選定するにあたっても、単なる認識的興味の対象とするだけでなく、利的創価能力の涵養の第一手段として、利的評価作用の指導教科すなわち鑑賞教育の教科が、広大なる分野をもって展開されるであろう。果たして、しからば、有機・無機の自然界を利用して利的価値を創造した農作物、家畜・養虫・養魚・養殖・造林等の原始的産業や、それらの産物を原料として価値の増大を企図した各種の製造工業や、それらの貨物を移動せしめてさらに価値を増加する商業・運輸交通業等の、多方面にわたった無数の教材が、今まで閑却されているのを見いだすことができるであろう。

もちろん、既設の理科や地理や、手工や農業やの諸科[5]は、それらに触れているには相違ない。けれども、思いつきの断片的な、孤立的な標本教授で、毫もまとまったものではない。教育目的の明確な意識から企図された計画案でないことを、物語っているものである。われわれが、群盲評象[6]の結果たる寄木細工《よせぎざいく》の教育施設を根本から改造して、国民の実生活に合致せしめなければならぬと、絶叫するゆえんである[7]。

二、次に、しからば、善に対する施設として、いかなる教科が用意されているか。修身[8]といえ、歴史・地理といえ、国語といえ、多過ぎるほどの努力が払われているともいえる。けれども、肝心の社会という全体概念の構成[9]に何らの顧慮がなくして、ただ、その作用たる現象のみの影を追うて駆け廻《ま》わらしていて、どこまでも雲を掴《つか》むようのものであれば、たまたま何ものかが捕捉されたとしても、それは中《ちゅう》に浮遊していた塵埃《じんあい》のごときのものに過ぎない。それでも、諸科の目的が達せられると思うか。そこに、どうして、国家の概念が成立するか。例えば、子どもに、人事複雑なる映画か演劇かを観《み》せしめたようなものである。全体の結構[10]にもとづいた意味や美は認識する力がないため、［その］

なかの局部局部の剣撃などにのみ注意するから、折角の好目的も徒労に帰して、かえって有害の刺激となるに過ぎない。論より証拠、小学生はもちろん、中等学校の生徒にでも、日本歴史課業後の総収穫はいかんと試みよ。三千年間の走馬燈の回転・変遷をただ追随したのみ、舞台がいかん、進化がいかん等は、一向〔に〕頓着することでない。信長も秀吉も信玄も謙信も、[11]その他の英雄・豪傑も、さながら国技館の力士か、オリンピック会場選手の競争を見るがごとく、前の子どもに剣撃の面白味のみが残っているのと、大差あるまい。思えば、実に馬鹿らしい徒労の結果を、何人も気のつかぬというのは、実に深慨の至りではないか。畢竟、これが編纂の局にあたるものも、それが監督統制の任にあたるものも、はた、これが運用の仕事を担当するものも、教育の学問的基礎を等閑にしていることさえも意識し得ない結果である。しからば、いかにするか。教授の要旨から改めねばならぬ。それが国家の意志として公表されるならば、当面の対象を説明するがごときものでなくして、対象の帰趣《きしゅ》[12]を示すものでなければならぬ。地理は、地球の表面を記載して愛国心養成に資する、というごとき記述では足らぬ。国史と相待ち、[13]社会の連帯生活を闡明《せんめい》する、等とすべきである。

三、美的生活を指導する教科はいかん。[14]手工・農業・図画・唱歌等が、多方面の創価生活指導・奨励の目的をもって施設されていることは可なり。ただ、人生の目的をもって教育の目的とすという点に、明確な統一が意識されることなきを惜しむのである。それゆえ、これに達する準備的作業としての評価作用が指導されず、したがって、環境の認識作業も盲目的になり、創価作業の指導が切れ切れになり、人生の大部分である利的経済的な価値創造の指導がきわめて小部分に局限され、また、国語科なども創価の作業たる綴り方への意識的結合がされぬ等により、全学科にわたって画龍《がりょう》の点睛《てんせい》が欠け、(15)能率がはなはだ低いのである。米国においては、児童の図画は、児童の自己表現または美術的表現として課するよりは、むしろ、実際生活に必要なる教課として課しているのであるとを、しばしば専門家の視察報告で聞くが、そのいわゆる実用品としても、美的生活の要求に応ずる実用品で、利的要求に応じて表れる実用品とはまったくその性質を異にする。すなわち、この実用品とは、美術的実用品のことであって、美的生活の要求によって創造されるところの単なる美術品ではなく、利的創作品のなかに織り込まれて鑑賞される創作品である。楽譜に写書することのできる程度の音声を組み合わせて作った、いわゆる音曲《おんきょく》(16)は、あたかも色彩を組み合わせて写生しまたは創作した絵画と類を同じうし、音響の連続変化によって成立した美的作品である。絵画が視覚によって感ぜられる空間的の形相であるに対し、音曲は聴覚によってのみ感ぜられる時間的の形態で、これは、また、触視両覚の共働《きょうどう》によって感知される空間的形体とも同様である等。

〔『全集・第六巻』、三七四〜三七八頁〕

（1）幸福実現の指導を目的とする教育――本テキストは、『体系・第四巻』「教育方法論」における「第二編教材論」・「第二章教科構造論」・「第三節学校教材としての諸分科」の、前半部分を抜粋したものである。

教育の目的は、「人生の幸福」である。そして、「幸福実現の指導」には、二つの側面がある、と牧口はいう。

一、所属の社会に順応しうる生活力を身につけられるようにする。

二、社会の完成のために努力しうる能力を涵養する。

ところが、従来の教育体系においては、社会的共同生活を意識的に遂行するための指導が、系統的に施されてこなかった。それゆえに、牧口は、「利・善・美」という価値の要素をふまえながら、その改善策をめぐって、詳しく論じているわけである。

なお、この点については、本書二五〜二六頁の注（6）「教育は個人を社会化すること」、および、四九頁の注（3）「個人の社会化」を、参照していただきたい。【→補注13】

（2）四民平等の世――江戸時代には、「四民」（士・農・工・商）の間で階級差別がなされていた。しかし、明治維新以後、新政府は、近代国家を樹立していく過程で、そうした封建的身分制度を次第に廃止するのである。たとえば、苗字を名乗ることや、居住・職業・結婚などの自由が認められ、原則として、人々はすべて平等に処遇されるようになった。ただし、新たに、皇族・華族・士族・平民などの区別が設けられ、その差別意識は、依然として残ることになるのである。

（3）縷説――何度もくりかえして説明する。または、こまかいところに至るまで、ながながと説くこと。

（4）利的価値の創造を指導する――これが、幸福生活を目的とする教育の、最優先課題なのである。なぜかと言えば、自立した生計をいとなむことこそが、人生の第一の基礎にほかならないからである。

（5）手工や農業やの諸科――昭和初期、尋常小学校（六年間）では、地域によって、「手工」が教科目に加えられていた。また、卒業後、直ちに就職する者が大半を占めていた、高等小学校（二年ないし三年間）では、初等段階の完成教育をより実際的なものとするべく、「手工」のみならず、「農業」・「工業」・「商業」などの実業科目も、各地の情況に応じて、おこなわれていたのである。

（6）群盲評象――目の不自由な人たちが大勢集まって、象の身体をなでまわしながら、自分がさわった部分の感触にもとづいて、さまざまな意見を述べているようす。このことばは、凡人たちが大事業や大人物を批評する際に、一部分をとらえただけで全体を把握できたと判断してしまう、まことに愚かなありさまを、具体的にたとえたものなのである。現代では、適切であるとはいえないが、当時の感覚では、ごく自然に受け止められる表現の仕方であった。

（7）絶叫するゆえんである。――「子どもたちの幸福」という観点からすれば、実際の生活と学校での学習との一体化・有機的結合が、どれほど重要なことであるか。ここは、原著者の深甚なる思いを、彷彿させるところであるだろう。

（8）修身――これは、第二次世界大戦が終結するに至るまで、初等・中等学校において、道徳教育の柱として位置づけられていた教科。「国史」（日本歴史）などとあいまって、「臣民道徳」の形成に多大な影響を及ぼした。

「修身」が、小学校の独立した教科として登場するのは、明治一二年（一八七九）の「教育令」であった。そして、翌年（一八八〇）の「改正教育令」では、いちはやく、筆頭教科にすえられているのである。

明治二三年（一九九〇）に「教育勅語」が発布されてからは、儒教思想の「忠」・「孝」を基本とする絶対的な国家主義が、よりいっそう強化されることになった。よって、授業のなかでは、徳目に依拠したり、歴史上の人物像を援用しながら、民衆統制をはかる、恣意的な教訓・感化がおこなわれていたのである。

（9）肝心の社会という全体概念の構成――「善的価値の創造を指導する」には、「社会のなかの人間」、あるいは、また、「人間のなかの社会」について、大いに興味を抱く、しっかりとした社会意識を喚起しゆくことが大切である。しかも、それは、児童の成長・発達につれて、家族、地域社会、国家、国際社会へと広がっていかねばならない。ゆえに、「地理」は、「国史」とともに、社会的共同生活のありようを明らかにすることを目的とし、「修身」・「国語」なども、同様の観点にもとづいて、「教授の要旨」から改めていく必要があるのである。

（10）全体の結構――この場合の「結構」は、作り方、かまえ、もしくは、構造。ここは、ストーリー全体の組み立てをさしている。

(11)信長も秀吉も信玄も謙信も――織田信長(一五三四~八二)、豊臣秀吉(一五三七~九八)、武田信玄(一五二一~七三)、上杉謙信(一五三〇~七八)は、いずれも、戦国時代に活躍した武将。

(12)帰趣――「帰趨(きすう)」と同じ。物事が、成り行きに従って、最終的に落ち着くところ。帰着点。

(13)国史――国家主義の立場から、わが国の歴史を教授する教科。明治二四年(一八九一)の「小学校教則大綱」で設けられた「日本歴史」は、大正七年(一九一八)の「臨時教育会議」第三回答申を契機として、「国史」に改められている。実際には、大正九年(一九二〇)から翌年にかけて、国定の歴史教科書「尋常小学国史」が発行され、その名に合わせて、大正一五年(一九二六)には高等小学校の「日本歴史」が、さらに、その二年後には尋常小学校の「日本歴史」が、それぞれ「国史」と改称されていくのである。

いうまでもなく、「国史」は、建国の精神・国体の要義を児童の脳裏に染み込ませる、政治的なねらいを持つものであった。そして、この科目名は、昭和二〇年(一九四五)の敗戦まで、小学校における日本歴史の教科目、教科書標題の正式名称として使われていたのである。

（14）美的生活を指導する教科はいかん。――「美的価値の創造を指導する」際には、「手工」・「農業」・「図画」・「唱歌」などの多様な指導が、あくまでも、「人生の幸福」という目的のもとに、明確なかたちで統一されるべきである。だからこそ、牧口は、「認識」・「評価」・「創価」のつながりに、わざわざ言及しているのである。

（15）画龍の点睛が欠け――「画龍点睛」とは、龍をえがいて、最後に睛《ひとみ》をかきこんだところ、その龍がたちまち天に上ったとされる故事から、物事の眼目、作業を完成させるための大事な仕上げのことをいう。したがって、これは、もっとも肝要な部分が欠如している、ということ。

（16）音曲――ひとふし、または、ひとまとまりの楽曲。そして、さらに、音楽の全体を示唆することもある。ただし、ここでいうところの「音曲」は、「楽譜に写書することのできる程度」のものであり、能の「謡」や落語の「囃子」などの、日本芸能に固有な音楽を意味する、「音曲《おんぎょく》」ではない。

ちなみに、「写書」とは、書物などをじかに書き写すこと、ないし、その写本。ここは、「書写」でもよいように思われるが、その場合は、習字のことをさす可能性があるので、あえて「写書」と記すことにしたのではなかろうか。

(2) 学校自治権の確立

最愛の子女を委託し、自家の日常生活ともっとも密接なる関係にある、学校教育の内容を、まったく知らずにいた昔の時代はともかくも、少なくとも、明治・大正の教育を受けた両親が保護者たる今日、なお昔と同様に、学校教育を対岸の火事視して、何ら直接の関係を持たぬ監督行政官や名誉職などの無益の干渉に、自分らの学校を放任すべきものではない、と思う。良いにもせよ、悪いにもせよ、学校を真にわがものとし、日常家事の延長と心得て、関係もし理解もし、単に学用品の世話ばかりでなく、今一歩進んで教育の内容にまで立ち入り、成績の良否やその原因の探究にまで踏み込み、推奨もし督励もするようになってこそ、はじめて教育の実《じつ》は挙がるのである。さもなくて、いかにして教育の効果を助長し得ようか。家庭生活費の大部分を占めている教育の効果に対して、これは、文化人[1]として、当然の権利であり義務である。なるほど、外部的即日的生活戦線[2]に立っている父親には、そんな余暇はあるまい。そこで、都会生活の母親たちには、内部的明日的なる重要な受け持ち任務(3)と観念して、等閑に附してはならぬ。形にこそ見えまいが、その勤怠の結果は、てきめんに、子女の成績として顕れ、やがては、入学試験において、第一回の精算がされるであろう。最愛の子女一生の幸福の基礎がこれによって築かれるのであると思わば、決して等閑にすべきでないことが察せられよう。

従来は、学校長や教員などの任免は、監督行政官の特有権能で、父母や保護者会などのまったく容喙《ようかい》(4)すべからざるものとされていた。しかし、それは、官僚万能の専制政治の時代のことで、市町村長はもちろん、内閣総理大臣すらも、実際は民意に依らねば勤まらぬような立憲政治の世となった今では、決して遠慮会釈などしているべきではない。府県知事なども、実際においては、すでに公選になったようなものである。この場合、監督当局者が昔の遺風を盾《たて》に取って頑張ろうとするのは、まったく大勢の推移に盲目であることを臆面《おくめん》もなく(5)表白しているか、もしくは、人民の無知に乗ずる狡猾《こうかつ》な態度に過ぎない。

教育の沈滞、教員・校長の堕落怠慢を監視・督励することは、専制政治時代にあっては行政官の独占で、他の容喙を許さぬもののごとくであったが、今や立憲政治の世となり、しかも、普選(6)の世となり、総理大臣といえども民衆の意向によりて進退すべき時勢となったことが以上のとおりであり、また、学校は各々の家庭の延長であり、われらが国家の縮小なるがゆえに、(7)愛児の将来のためにも、出資租税の効果見定めのためにも、父兄保護者は、当然の権利であり、義務であるとして、遠慮なく学校を見舞うことが必要である。これは、他事ではなく、自己家政の一部と見なすべきである。果たして、しからば、これと同時に、教育の学は、(8)育児・衛生・料理・裁縫等と同様、今後の父母の重要な常識の一部とならねばならぬことを、覚悟せねばならぬ。父兄は教師の唯一の評価者であること、あたかも、品物の評価に多数の需要者が唯一の公平なる立場にあることと、同様である。何ゆえか、児童・生徒は、父兄の前には、何らの虚飾なく教師の性格・業績を反映するから、注意深い父兄ならば、公平正当なる評価をなしうるからである。ただし、これは、一般父母が評価の標準となるべき教育学の一般的素養を持つにおいて、はじめて完《まっと》うさるべきものである。もちろん、これにも弊害は伴わぬ、とはいわぬ。ことに、多数の父兄がまだ覚醒せず、せっかく与えられた参政権の行使に怯懦《きょうだ》(9)の状態では、何としても仕方はないが、しかし、どうせ出所を同じうする評判ならば、隠密に調査資料を蒐集するよりは、公然合法的に保護者会などの輿論を反響させるにはしかないのである。かくて、市町村民が自治権を獲得したように、より良く、より明るく、立憲政治の一部たる学校の自治権を確立するより外に、名案はあるまいと思う。[10] 野蛮人や半開人には、もとより望まるべきではないが、日本人には、まだこれを要求するに尚早《しょうそう》であろうか。偶然にも、余は、東京市白金小学校[11]において、この主張に近いところまで体験して、ますます可能性の自信を強うしたのである。

〔『全集・第六巻』、一六〇～一六二頁〕

（1）文化人――文化の振興に携わるというよりも、社会の平和と繁栄に貢献しゆく、主体的・自発能動的な人のこと。すなわち、しっかりとした社会意識を体して、自己の使命と責任のままに内面的な豊かさを発現する、本来の意味での「賢人」をさしているのである。

社会的に有為な人物は、納税者または保護者として、地域社会の学校についても、わがことのように、忌憚のない意見を述べるものであるだろう。「当然の権利であり義務である」として、みずからの日常生活の一環と心得ながら、教育の中身にまで踏み込んで、堂々たる発言をなす。しかも、納得しうる場合には、積極的な支援も辞さないわけである。

本テキストでは、その対極が、いわゆる「野蛮人」や「半開人」とされているのである。

（2）外部的即日的生活戦線——職場などの家庭の外で、日々の暮らしを支えるべくして展開される、さまざまな生活闘争のこと。

（3）内部的明日的なる重要な受け持ち任務——ここでは、とくに、都会の生活を享受している母親たちが果たしうる重要な役割について、触れられているのである。なぜなら、家庭内をまとめあげるとともに、将来への希望を育むためにも、学校は「家庭の延長」であると心得て、教育の内容・方法や成果にまで立ち入り、遠慮せずにどしどし声を上げていくことが、要請されているからだ。

（4）容喙——くちばしを容れる。つまり、人のすることに、あれこれと、横合いから口出しする、ということ。

（5）臆面もなく——気おくれしたり、おどおどせずに。あつかましく。恥じ入ることなく。

（6）普選——「普通選挙」のこと。「普通」とは、選挙の投票権が、身分・性別・学歴・信仰・財産・納税額などによって制限されず、一定年齢以上のすべての人々に対して、まったく平等に認められること。わが国では、大正一四年（一九二五）三月に、原則として満二五歳以上のすべての男子に衆議院議員の選挙権を与える、「普通選挙法」が成立した。

ただし、「国体の変革」や「私有財産制度の否認」などをねらった動きを禁止しうる「治安維持法」が、ほぼそれと同時に議会を通過しているのである。

（7）学校は各々の家庭の延長であり、われらが国家の縮小なるがゆえに――こうした文言は、「学校は小型の社会、胎芽的な社会」であらねばならぬとするJ・デューイの教育思想や、「学校生活が社会生活の萌芽にほかならず、また、社会生活が学校生活の延長であり、その開花にほかならない」というデュルケムの社会学的教育説を、想起させるものである。しかも、それらは、社会を強く意識しはじめた、二〇世紀における人類の英知として、とらえられるにちがいないのである。【↓補注14】

（8）教育の学――すぐ直後に、「一般父母が評価の標準となるべき教育学の一般的素養を持つにおいて」とあるにもかかわらず、ここでは、どうして、「教育の学は、育児・衛生・料理・裁縫等と同様」となっているのであろうか。【↓補注15】

（9）怯懦――臆病で、意志が弱く、いくじのないこと。

（10）より良く、より明るく、立憲政治の一部たる学校の自治権を確立する――これは、現場の教師の立場から発せられた、やむにやまれぬ願いなのではないだろうか。

とにかく、原著者は、学校が、大人社会の勝手な都合をストレートに反映するものであってはならぬ、と主張する。そして、教育のあり方が監督行政官の思惑や地元の有力者たちの利害によって大きく左右される現状は、まことに遺憾である、というのである。

教育は、ややもすると、政治・行政的な権力や経済的な圧力によって、不当な支配に侵されがちになる。それゆえに、「民主の原理」にもとづいて、「子どもたちの幸福」のため、ひいては、「社会全体の幸福」のために、「教育権」を相対的に独立させていこうとするのは、ものの道理のしからしむるところなのである。

(11) 東京市白金小学校——牧口は、大正一一年(一九二二)四月から昭和六年(一九三一)三月まで、「白金尋常小学校」第八代校長の職についていた。なお、『しろかね』(白金小学校校報)に掲載された文章、「学校の共同生活」・「学校教育の目標」なども、できればご一読願いたい。〔『全集・第八巻』、三一五〜三二六頁参照〕

(3) 学校の民営化

教育制度ないし学制改革案を議するにあたって、根柢に横たわっている重要なることは、教育の官営か民営かの問題(1)、すなわち、学校経営者の主従を官民のいずれにするか、ということである。

未開時代で産業の独立的発達のおこなわれない間は、官営の保護政策が時機に適するとされていても、民営事業が相当に発達した暁《あかつき》に、なおも創業初期の精神を墨守《ぼくしゅ》(2)して、民業と競争の態度をとり、ついに官権を濫用し民権を圧迫してまでも、その自衛ないし繁栄をはかる必要はない、とされていると同一の趣旨によって、教育の事業も、維新匆々《そうそう》、民間に自発的経営のなかった時代、または、あったにしても、国家の統一が急務と見なされた時代において、官営本位に画一することは悪くないとしても、今や、時勢は進み、智識階級の家庭においては教育費の多少よりは教育の良否と能率とに関心を多く持つ時代になった以上は、学校の経営(3)においても、今や根本的に方針を立て直さねばならぬ時機となったではないか。この場合における判定の指導原理として、われわれの忘るべからざることは、国家の生活に障害となるような、不完全ないし弊害あるものこそは干渉・督励を要するが、善良に進歩した民営を制限する必要は毫《ごう》もないのみならず、進んで奨励すべし、というのである。

〔『全集・第六巻』、二〇三〜二〇四頁〕

（1）教育の官営か民営かの問題――昭和初年のころに、「教育の民営化」が提唱されていたのは、まさに、特筆すべきことである。それは、旧日本国有鉄道の分割民営化や、近年の郵政民営化よりも、はるかに根底的な構造改革なのである。

牧口は、「民営化」こそが、「半日学校制度」導入の、前提条件であると位置づける。なぜかと言えば、教育が社会の必要に応じて進展しうるためには、官吏主導よりも、むしろ、民衆主導でなければならないからである。【↓補注16】

（2）墨守――旧習を固く守り通すこと。あるいは、また、あくまでも自説にこだわりつづけること。

（3）学校の経営――「学校経営」とは、各々の学校が、それぞれの教育活動を展開する際に、人的・物的・財政的諸条件を整備・運用していくこと。具体的には、校長を中心とした責任者たちによっておこなわれる、指導と管理の作用を意味している。

明治期には、法令に従った「学校管理」が主であったけれども、大正から昭和初期にかけては、「学校経営論」が盛り上がりをみせている。そして、『体系』（全四巻）が出版されるころには、集団としての学校・学級に関する社会学的考察も、見いだしうるようになっていたのである。

【補注】

第一章

【1】国民教育（八頁）

わが国において、「国民教育」ということばが法律上の用語として登場したのは、明治二三年（一八九〇）一〇月の「新小学校令」であった。それは、前年二月に公布された「大日本帝国憲法」や同年同月末に発布される「教育に関する勅語」と密接な関係を保つかたちで、初等教育の制度的な基礎を固めるために制定されたものである。

実際、同令の第一条は、「小学校ハ児童身体ノ発達ニ留意シテ道徳教育及国民教育ノ基礎並其生活ニ必須ナル普通ノ知識技能ヲ授クルヲ以テ本旨トス」、と規定されている。しかも、このときから、教育法規勅令主義の慣行が定着するのである。

たびたび論及されているとおり、日本の文教施策は、常に、「国家の近代化」に役立つ人材の養成を、指向してきたように思われる。そして、明治・大正期の民衆教化は、明治二二年（一八八九）の「大日本帝国憲法」を土台にして、同二三年（一八九〇）の「教育に関する勅語」、同四一年（一九〇八）の「戊申詔書」、大正一二年（一九二三）の「国民精神作興に関する詔書」などの、三大詔勅のもとに展開されてきた。つまり、「国民教育」は、いちじるしく国家主義的なものであった、ということができるだろう。

昭和初年の当時、わが国における近代公教育の根本は、あくまでも、天皇中心の国家体制を存続させる、「臣民」ないし「皇国民」の形成にあった。だから、皇国精神の練成を目指す戦前の初等教育は、昭和一六年（一九四一）四月に始まる「国民学校」（初等科六年、高等科二年）へ行き着くことになり、従来の修身・国語・歴史・地理を統合した、「国民科」が実施されるまでになるのである。

【2】ジョン・デューイ（一二頁）

テキストのなかで引用された「生活のために、生活において、生活によって」という文言が、どの著作から抜粋されたものであるかは、必ずしも判然としないのが実情である。

しかし、デューイ教育思想の一つの大きな特徴は、まさしく、「学校の社会生活化」（家庭や地域社会や各種の職場などのさまざまな活動を教育課程のなかに取り入れること）に求められるにちがいない。しかも、それは、牧口がいうところの「生活と学問の一体化」と、同義なのである。

たとえば、『私の教育信条』では、教育それ自体が「生活の過程」である、と明言されている。学校は、「現在の生活、即ち児童にとって彼が家庭において、近隣において、あるいは運動場において営んでいるところのものと同じように、現実の活き活きした生活を表示せねばならない。」わけである。〔児玉三夫訳「教育信条」〔原田実訳『経験と教育』春秋社、一九五六、所収〕、一四七頁参照〕

また、『民主主義と教育』では、「共に生活をするという過程そのものが教育を行う」〔〈松野安男訳〉『民主主義と教育・上』岩波文庫、一九七五、一八頁〕ことにほかならず、「教育は発達である、といわれるならば……生活は発達であり、発達すること、成長することが、生活なのだ、ということである。」〔同上、八七頁〕、と論じられている。

したがって、しばしば指摘されるように、デューイは、「学校を生活と関連せしめよ。」〔〈宮原誠一訳〉『学校と社会』岩波文庫、一九五七、九三頁〕、と主張する。なぜかと言えば、「生活することが第一である。学習は生活することをとおして、また生活することとの関連においておこなわれる。」〔同上、四七頁〕ことが大事であり、そのうえ、さらに、「学校は子どもが実際に生活をする場所であり、子どもがそれをたのしみとし、またそれ自体のための意義をみいだすような生活体験をあたえる場所であることが最も望ましいというべきであろう。」〔同上、六四頁〕、と考えられているからである。

【3】デュルケム（二六頁）

牧口が引用しているのは、『教育と社会学』（一九二二）第一章の論述である。具体的には、（甘庶生規矩訳）『社会学的教育説』（モナス、一九二九）の「第一編教育の本質と任務」から抜粋されたものである〔同訳書、二八〜三〇頁参照〕。そして、この場合、次の二つの点について、しかと再確認しておくことが必要なのではなかろうか。

第一に、甘庶生規矩が訳出した「教育は未成年者の秩序的社会化」であるとの文言を、他のものと比較・対照していただきたい。

「教育とは若い世代に対する一種の方法的社会化」

（田辺寿利訳）『教育と社会学』（登文社、一九三四、七九頁）

（田辺寿利訳）『教育と社会学』（冨山房百科文庫、一九三八、五二頁）

「教育は若い世代に対して行なはれる一種の方法的社会化」

（田辺寿利訳）『新訳・教育と社会学』（日光書院、一九四六、一〇六頁）

（田辺寿利訳）『教育と社会学』（石泉社、一九五四、一〇六頁）

「教育は、未成年者の体系的社会化」

（佐々木交賢訳）『教育と社会学』（誠信書房、一九七六、五九頁）

これらの事例は、すべて、『教育と社会学』が、どちらかと言えば、教育および教育学を専攻していない人々によって訳出されてきた、という事実を示している。たとえば、甘庶生規矩の専門は哲学・倫理学だったようであるし、田辺寿利はフランス社会学史研究の大家であり、佐々木交賢も社会学者なのである。裏返せば、このことは、デュルケムがたぐいまれなる教育者・教育学者・教育思想家でもあったということが、しかるべく重視されてはこなかったことを、如実に物語っているのではないか。今日でも、原語（socialisation méthodique）を日本語でいかに表記するかについて、明確な共通理解が必ずしも得られていないのは、そういう事情によるのかもしれないのである。

そこで、教育に関するデュルケムの定義は、ことに、フランスにおける初等教育の制度化施策を意識して公表されたものであったことを、改めて認識すべきであるだろう。実際のところ、『教育と社会学』の「第一章教育、その本質と役割」は、もともと、『教授学・初等知育新事典』（一九一一）の一項目として著されているのである。

要するに、デュルケムの定義は、意図的・組織的な教育機関としての学校が、国家主導のもとに普及していく過程で、それ相応の合意を形成するために発表されている。したがって、今日からふりかえってみれば、「教育は新しい世代の組織的な社会化」であると翻訳する方が、よりいっそう的確なのではないだろうか。

第二に、牧口の引用は、『教育と社会学』の第一章・第三節からのものであるが、実は、それとまったく同様の考察が、同書の第三章・第二節で反復されていることを、把握しておく必要がある。なぜなら、『全集・第五巻』でいうと、本テキストのわずか八頁後で、後者の論述の内容が、詳しく紹介されているからである。〔『全集第五巻』、一五〇～一五三頁参照。ちなみに、この部分は、(甘庶生規矩訳)『社会学的教育説』からではなく、雑誌の論稿として掲載された(田辺寿利訳)「教育学と社会学」(『社会学徒』第三巻第七号、一九二九、一〇～一一頁)に依拠したもので、そこでは、教育が「未成年者を正しく社会化すること」であると論じられている。〕

なお、テキストのなかでは、(甘庶生規矩訳)『社会学的教育説』から引用された文章の途中が省略されているので、かなりの長文にはなるが、その全体を確認しておくことにしよう。ただし、この場合、できるだけ分かりやすくするべく、訳文はもっとも新しいものを採用させていただくことにした。

「つまるところ、教育は、まさに、新しい世代の組織的な社会化にほかならない、と約言しうるのである。わたしたちひとりひとりは、抽象的な方法によってしか分離しえないけれども、それにもかかわらず、明確に区別せずにはいられない、二つの相異なった存在を体現している、ということができるだろう。その一つは、わたしたち自身、および、わたしたちそれぞれの個人的な生活だけに関係する、すべての精神的な状態によって作り上げられているものである。それは、いわば、個人的存在と呼ぶことができるように思われる。そして、他の一つは、わたしたち自身の人格ではなく、むしろ、わたしたちが所属している単数ないし複数の多様な集団のありさまを表示する、観念・感情・習慣などによって作り上げられた、一つの体系なのである。具体的には、宗教的な信念、道徳的な信念や実践、国民的もしくは職業的な伝統、さらには、また、あらゆる種類の集合的な意見などなどが、それに当たることになる。いわゆる社会的存在というものは、それらの総体によって構成されているのである。しかも、わたしたちひとりひとりの内面に、この社会的存在を形成することこそ、まさに、教育の最終的な目的にほかならないわけである。

そのうえ、以上のようなとらえ方に従えば、教育がはたしている役割の重要性、さらには、また、そうした作用の豊かさが、もっとも明瞭なかたちで示されるようになるだろう。なぜかというと、この社会的存在は、ひとりひとりの人間の生得的な体質のなかに、すでに形成されたものとして付与されているのでもなければ、自然発生的な発達によってもたらされるものでもないからである。個々の人間というものは、生まれながらにして、政治的な権威に従ったり、道徳的な規律を尊重したり、はたまた、他者への献身や自己犠牲といった振る舞いをなすような、社会的傾向性を有しているのではない。言い換えれば、わたしたちの生来的な性質のなかには、社会の象徴的な紋章であるところの神々の下僕となって、その神々を崇拝し、神々に対して忠実であるために、おのれ自身の欲望を断つという、そうした所作へ、わたしたちを自然のうちにいざなうようなものは、何も存在してはいないはずである。どちらかというと、そのような偉大なる道徳的な力は、社会が堅固に構築されていけば、それだけ、社会それ自体によって、社会自身の内奥から引き出されてくるのであり、その結果、社会が創出した道徳的な力を前にすると、個々人は、必然的に、おのれ自身の劣位性を感じざるをえなくなるのである。ところで、もしも仮に、遺伝に負うている漠然とした不確定的な傾向性を捨象してしまうとすれば、子どもたちは、この世に生をうけたときに、個としての性質しか身につけていない、といえるのではなかろうか。それゆえ、社会は、各々の新しい世代を迎え入れる際に、いうなれば、新たに骨を折って人間的な資質を形成する必要がある、ほとんど白紙のごとき状態に置かれているような存在と、向かい合うことになるのである。すなわち、社会は、もっとも素早い方法を用いることにより、誕生したばかりの利己的・非社会的な存在に対して、社会的かつ道徳的な生活を遂行しうるような、もう一つの別の存在を付け加えなければならないわけである。教育の真骨頂は、まさに、こうした作用に存しているのであり、しかも、そこにこそ、教育の本当の偉大さを、見いだしうるにちがいないのである。」〔J‐C・フィユー編（古川敦訳）『デュルケムの教育論』（行路社、二〇〇一）、一〇八〜一一〇頁〕

【4】創価教育六大指標（四八頁）

「創価教育」ということばは、『体系』（全四巻）をとおして、わずか七か所だけしか見あたらない。しかも、最初の一つは、「創価教育〔学〕」と読解するのが適切であるように思われるのである。

ここでは、とりあえず、それぞれの前後の文脈を、提示しておくことにしよう。

＊「創価教育〔学〕の研究」〔『全集・第五巻』、二一三頁〕

この前項は、そっくりそのまま創価教育学に移しても、妥当であると思う。経済学も教育学も価値を対象とする社会科学の一分科たることに、ちがいはないからである。しからば、後段はいかん。それも、おそらくは、創価教育〔学〕の研究においても、最難関であることに変わりはあるまい。

＊「創価教育の原理」〔『全集・第五巻』、四一〇頁〕

直観・思慮・応用という三段教授、はた、ヘルバルト派の五段教授の原理も、精神においてほとんど一致している。真理に古今東西の別のないことが、うなづかれよう。すなわち、創価教育の原理も、要するに、それ以外には出ないのである。

＊「創価教育六大指標」〔本書四七頁（再録）。『全集・第六巻』、一二頁〕

創価教育六大指標

自然の個性
一　感情の理性化
二　自然の価値化
三　個人の社会化
四　依人の依法化
五　他律の自律化
六　放縦の統一化
文化の人格

＊「創価教育技師」・「創価教育」〔『全集・第六巻』、一三五頁〕

前節に論述せるにもとづきて、試みに、左に、その理想的私案を提示す。

創価教育技師養成所案

一、要旨　創価教育学の高級技術者として、部下の教員を指導しうる研究所にして、同時に教育技術の熟練と指導を目的とし、普通の師範教育のうえに、創価教育を施さんとするものにして、しかも、附属小学校の理想的経営による創価教育学の実験証明所にして、なお、その実験を広く内外教育家の結果と比較・総合して新たなる真理を発見するところの教育研究所としての、この三者の協同によって、十分なる機能の発揮を期すべきものとす。

＊「創価教育の目的」〔本書一二八頁（再録）。『全集・第六巻』、一八九頁〕

四　教育の不生産的なること。

1　生産的として教育を経済上に限定するは、やや偏狭に失するが、利・善・美三方向の価値創造を目的とする教育が十分に施されていないで、途中から別方向に別れている。

2　勤労教育が創価教育の目的から出て来ねばならぬ。

＊「われわれの目標とした創価教育」〔『全集・第六巻』、三八五頁〕

人間は郷土という自然と社会との環境に調和して生活することによって価値を獲得し、しかるうえに、独特の個性に応じた利・善・美のいずれかの価値を創造して生活し、それによって社会の文化に貢献し、もって、無意識ながらも、世に生まれた本懐を遂げたことを満足するものである。被教育者をここまで指導してくることができれば、われわれの目標とした創価教育の期するべきところである。これ以外には、世人の教育に期待するところも、おそらくは、出でないであろう。

＊「吾人の理想とする創価教育」〔『全集・第六巻』、四五七頁〕

今の教育の能率の上がらぬのは、教師に教育方法上の知識の欠乏と、それが実行技術の練習の不足との、二点に約することができ、しかして、その知識の欠乏は、結局、目的観念の不明確と、これに達する方法観の貧弱とに、約することができるであろう。そこで、その一つの修養だけでも、優に第一流の分業者と名声を競うことができよう。が、しかし、吾人の理想とする創価教育の本質上から眺めたところでは、まだ半分でしかない。

【5】半日学校制度（五九頁）

「小学校より大学までの学校における学習生活を半日に制限すること」〔本書六八頁。『全集・第六巻』、二〇九頁〕を構想する「半日学校制度論」は、昭和初年のころ、教育改造論議が高まりをみせていた時期に提唱された、子ども本位・民衆本位の、抜本的な学制改革案にほかならない。また、学校での学習と実際生活との有機的な結合を、児童期から成年期に至るまで拡張せよとの主張は、いわば「生涯学習＝生涯発達システム」の構築をも企図する、まことに先駆的な社会改造論としてもとらえられるように思われる。

牧口は、自身の教職体験をとおして、大いなる確信を抱いていたにちがいない。すなわち、彼は、本来の教育目的（子どもたちの幸福）にのっとって、教材の価値的な選択と論理的な配列をおこない、指導主義にもとづいた計画的・合理的な教授を実践していけば、学習の労力・費用・時間を少なくとも半減させることができる、というのである。

そのうえ、さらに、牧口が、このころ、すでに、学校が民営化される時代を展望していたことは、ぜひとも留意すべきであるだろう。〔本書一六五～一六六頁のテキスト「学校の民営化」（『全集・第六巻』、二〇三～二〇四頁）を参照〕しかも、子どもたちの発達をよりいっそう堅固なかたちでサポートしていくために、学校教師と保護者や地域社会の人々とが連携し、おたがいの共同・協力によって、「学校の自治権」がしっかりと確立されるべし、と論じられているのである。〔本書一五九〜一六二頁のテキスト「学校自治権の確立」（『全集・第六巻』、一六〇〜一六二頁）を参照〕

つまるところ、「半日学校制度論」は、「民主の原理」によっている。ゆえに、「創価教育思想」の特異性は、「国家主義」が宣揚されるさなかにあって、「人間主義」の学制改革を成就せんとした、「精神の革命」への果敢な挑戦に求められるわけである。

【6】誂え向きの自由教育（六五頁）

周知のごとく、一九世紀末から二〇世紀の初頭にかけて、欧米では、「児童中心主義」の新教育運動が展開されている。わが国においても、その趨勢に刺激され、「大正デモクラシー」の潮流のなかで、「自由主義の教育」が注目されることになる。具体的には、教師中心の画一的で注入主義的方法が、やり玉にあげられていたのである。

しかし、牧口は、いわゆる「大正自由教育運動」について、次のように喝破するのである。

「原始的・自然的〔な〕教育法にあきたらず、従来〔の〕反動的・逆流的の思潮として自由教育があり、また、教育哲学の思想が起こっているが、いまだ、合理的・科学的の方法の要求にまったく合致することができない。

理論はいくら立派でも、一般に実行ができなくては、価値がないからである。」〔『全集・第八巻』、一六二頁〕

「知識の詰め込みをもって教授作用の全部と心得て、学習指導などを考える余地なく、読書の多きをもって教育の多きこととした弊害にこりた結果は、被教育者の各自の個性に応じて臨機応変の指導をなすをもって当然となし、無方針・無計画との批評に対する口実として個性尊重を標榜するのが普通であるが、その実は、幼稚園や託児所等で自然の発育のままを素直に伸長せしめるというのと大差なく、秀才だけはずんずん延びていくであろうが、鈍根のものは自然の時期の到来までは一向に顧みられず、中間に位する普通のものは低級の能率に甘んずるのが、関の山である。

自由主義の教育は、深い哲学上の意味よりは、卑近な詰め込み主義の弊害と無意義なる形式主義の束縛から解放されんとする反動思想に過ぎずして、個性尊重などは後からこじつけた口実であるというのを妥当とする。されば、邪魔物に対する破壊的であるその理由は、何人でも、苦情の余地はないであろう。さりながら、解放しただけで、建設的の工夫が伴わなければ、無軌道の放縦主義に堕することは、無心なる子弟の教育経済

のために、座視するに忍びないのである。」〔『全集・第九巻』、二二五～二二六頁〕

【7】本書の全体（六六頁）

もともと、創価教育学という知識体系は、合計で一二巻の書物になることが、想定されていた。このことは、『体系・第一巻』に先立って発表された、『創価教育学大系概論』（一九三〇春ごろ）の目次を見れば、一目瞭然なのである。〔『全集・第八巻』、一五九頁参照〕

創価教育学概論　目次

第一編　教育学組織論
第二編　教育目的論
第三編　価値体系論
第四編　教育機関改造論
第五編　教育制度改造論
第六編　教育材料論
第七編　教育方法改造論
第五巻　道徳教育の研究

第六巻　綴方教導の研究
第七巻　読方教導の研究
　　　　書方教導の研究
第八巻　地理教授の研究
第九巻　郷土科の研究
第一〇巻　算術教導の研究
第一一巻　理科教導の研究
第一二巻　歴史科教導の研究
　　　　真理の批判について

そして、この当初の全体構想は、『体系・第一巻』が出版されたときに、その巻頭において、「総論」四巻と「各論」八巻の構成で、よりいっそう明確化されるようになる。

――――（総論）――――

第一巻　第一編　教育学組織論
　　　　第二編　教育目的論
第二巻　第三編　価値体系論
第三巻　第四編　教育機関改造論
　　　　第五編　教育制度改造論
第四巻　第六編　教育材料論
　　　　第七編　教育方法論

――――（各論）――――

第五巻　道徳教育の研究
第六巻　綴方教導の研究
第七巻　読方書方教導の研究
第八巻　地理教導の研究
第九巻　郷土科の研究
第一〇巻　算術教導の研究
第一一巻　理科教導の研究
第一二巻　歴史教導の研究

だが、実際のところ、刊行されたのは、以下のように、『体系・第四巻』までであった。

『体系・第一巻』（一九三〇年一一月一八日）
　第一編　教育学組織論
　第二編　教育目的論

『体系・第二巻』（一九三一年三月五日）
　第三編　価値論
『体系・第三巻』（一九三二年七月一五日）
　第四編　教育改造論
『体系・第四巻』（一九三四年六月二〇日）
　教育方法論
　　第一編　教育方法論　緒論
　　第二編　教材論
　　第三編　教育技術論

ただし、『体系・第四巻』の巻末には、『体系・第五巻』の内容について、次のような予告が掲載されている。

　教育方法論（下）
　　第四編　学習指導即教導論
　　　第一章　教導と学習
　　　第二章　創価作用の指導法

第三章　評価作用の指導法
第四章　評価標準論
第五章　認識作用の指導法
第六章　不良性の善導法
第七章　宗教教育問題
第八章　教導段階論
第九章　学習指導態度論
第一〇章　学習指導程度論
第一一章　学級経営論
第一二章　学校統督論
附　説　創価教育学形成小史

また、『体系・第四巻』の翌年に発表された『創価教育学体系梗概』(一九三五春ごろ)のなかでは、創価教育学の「総論」と「各論」が、次のように修正・変更されていた。〔『全集・第八巻』、三九一〜四〇四頁参照〕

総論

教育学組織論（第一巻）
教育目的論
教育の原理としての価値論（第二巻）
教育の政策的方法論（第三巻）
教育の技術的方法論（第四巻）
学習指導即教導論（第五巻）

各論

道徳教育の研究
綴方教導の研究
読方教導の研究・書方教導の研究
地理教授の研究
郷土科の研究
算術教導の研究
理科教導の研究
歴史科教導の研究

そのうえ、さらに二年後の『創価教育法の科学的超宗教的実験証明』(一九三七)においては、知識体系それ自体が、以下のごとく、見事に再構造化されているのである〔『全集・第八巻』、五七頁参照〕。

序
- 教育学組織論 }
- 教育目的論 } ……………(第一巻)
- 教育原理としての価値論……(第二巻)

正
- 政策的方法論…教育改造論…(第三巻)
- 実際的方法論…教育方法論…(第四巻)
- 技術的方法論…学習指導論…(第五巻)
- (近　刊)

(第五巻内容)
- 信用確立論
- 指導態度論
- 認識法指導論
- 評価法指導論
- 評価標準論
- 創価法指導論
- 生活指導論
- 不良性善導論
- 宗教教育論
- 教導段階論
- 教導程度論
- 学級経営論
- 学校統督論

郷土教育論
道徳教導論
国語（読方綴方）教導論
算術教導論　流
地理教導論　通
歴史教導論
理科教導論
技芸教導論
（未刊）

『体系・第五巻』の準備は、たしかになされていた。しかしながら、同巻が、世に出ることはなかったし、「各論」各巻も、日の目を見るには至っていない。

そして、このことについては、心して、幾度も改めながら、探究しつづけなければならないように思われるのである。

【8】智育をしないで、徳育ができるか。（八六頁）

ヘルバルトは、「教育的教授」（もしくは「教授による教育」）、すなわち、興味が喚起され、「豊かな人間性」がおのずと培われていくような、本来的な知育のあり方を主張する。なぜなら、生活の役に立たない知識をやたらと詰め込むだけの、「教育しない教授」も問題なのであるが、それよりも、さらに、恣意的な道徳を外圧的な力によって一方的に押しつける、「教授なき教育」は、いっそうきびしく戒めていかねばならないからである。〔（是常正美訳『一般教育学』玉川大学出版部、一九六八、三二～四五頁参照）〕

また、デュルケムの道徳教育論のなかでは、「知育」にもとづいた「徳育」、換言すれば、「知性の練磨」を介した「道徳性の開発」が、もっとも重視されている。要するに、彼は、「道徳を教育する」のではなく、むしろ、「道徳を教授する」ことによって、新たな道徳的連帯の担い手を、育成しようとしたのである。

「ひとりひとりの人間が道徳的な振る舞いをなすためには、規律を尊重し、集団に愛着するだけでは不十分であり、それ以外の何かが、さらに必要とされているように思われる。すなわち、規則に従った行動をなすにせよ、あるいは、また、集合的な理想のために献身するにせよ、わたしたちは、その基盤になるべきものとして、自分自身がそうした振る舞いをなそうとする根拠について、可能なかぎり明確かつ完全であるような主体的意識を、できるだけ自在に働かせられるようにせねばならないわけである。というのは、ほかならぬ、わたしたち各人の明確な意識こそが、今後においては、本当の意味で、そして、まったくの道徳的な存在であるとされる、すべてのひとびとに対して、公共意識が強く要求するようになる、まさに、個人の自律性というものを、わたしたち自身の行為に付与することになるからである。したがって、わたしたちは、道徳性の第三の要素に当たるもの、それは、道徳に関する英知である、ということができるだろう。」〔J-C・フィユー（古川敦訳）『デュルケムの教育論』行路社、二〇〇一、一七〇頁〕

【9】智育は、その価値的目的から、右の利育・徳育・美育の三育に区別される。（八八頁）

「新三育」（利育・徳育・美育）の原型は、『教授の統合中心としての郷土科研究』「第一編郷土科の理論」・「第五章郷土科の内容」の「第四節郷土要素の直観方面」のなかに見いだすことができる。そこでは、「利害」・「美醜」・「善悪」という「三様の尺度」に依拠した指導法が、明示されているのである。

かなりの長文になるが、確認のために、提示しておくことにしたい。

「関係点として、まず、われわれの意識のうえに一番明瞭なものは、利害の方面であります。この二つは、われわれの生活に対する積極的と消極的の両極端で、その間に無数の階級がありまして、その中間はほとんど中性または無関係で、あまりわれわれの注意を引かないものであります。ですから、郷土の各要素について、われわれは、まず、人生に利か害かということを生徒に示し、または、直観させることをしなければなりません。かくのごとくして、着眼点を示し、注意を集めるならば、その後は、何ゆえに利か害か、いかにして利か害かをわれわれに及ぼすや、いかなる程度においてするか、いかなる時季、いかなる方面においてするか等の、推及的考察も、おのずから出てくるわけでありますし、また、利者はいかにしてそれを利用するか、もっと進んでは、いかにしてその利益の程度を増進するか、利益の方面を増加するか、利益の時を長くするか等。害者に向かっては、いかにしてそれに敵対するか、それを解除するか、逃避するか、いかにしてその害を転じてかえって利益にするか等の、実用的考察も、おのずから出てくるわけであります。果たして、かくのごとき考えが出てくるならば、その物について習性等の深い研究をせんとすることは無論、それに対する科学的考察も、また、おのずから出てくるわけであります。ゆえに、われわれ〔は、〕外界を直観させるに、名称に次いでは、第一に、どんな関係があるかということを直観させるのが、肝要と信じます。試みに、子どもの外物に対する疑問を注意していると、『何ですか』というのは、いまだ小さい時の間で、やや進歩すると、それには満足せずして、『何の役に立つか』ということが第二に来たり、『何ゆえ』にということは、その次に来たるものであります。

郷土要素の観察点の第二は、美醜の感じをもって対するところの関係であります。前の利害の関係とほぼ同じ性質のものではありましょうが、われわれに関係する方面はややちがって、直接に肉体または生命には関係せずに、精神上快・不快の感情を与えるところの関係であります。

郷土要素のうちには、利害の影響をわれらに与えるものと、利害の影響は与えないが、美醜の判断に訴えて快・不快を与えるものと、二種類あるかと思います。この美醜というのも利害関係と同じようで、両極端から無数の程度があります。われらは、外界をこの定規にあてはめてその価値を判断し、それに応じて、われわれの注意力を分配いたしております。

すなわち、美しいと感ずるものは、最初は単に無意識に感動するのみでも、それが度重なれば、ついには、何ゆえにという推究的の考えを生じて、その性質を研究せんとし、自分の意志に随うようなものならば、これを自己の所有にしようとし、しからざれば、これに模倣してその美を実物化しようとし、あるいは、その程度を増進しようとする等の、種々の高尚なる心の作用をなします。また、醜なるものに対しては、不快の感じとともに、何者か、何ゆえか、いかにしてそれを消滅せんか、減少せんか、はた、これを逃避せんか等の考えを、それからそれからと廻らします。しかし、これも、色々そういう多くの場合を経験したうえでのことで、初めからできるものではありません。もちろん、子どもには、初めから、複雑なる事柄に対して、さほどに美醜の判断が鋭敏のものではありませんから、郷土要素の着眼点として、まず、美醜の関係を次に見いださせることが肝要であろう、と存じます。

郷土の各要素の観察の第三の方面としては、善悪という標準によって判断するところの関係であります。これも、利害の関係と質においてはまったく異なったものではありませんが、見方のちがった点から区別されるようです。

善なるものとはどんなものを意味するかと考えて見るのに、一個人に対しては有利な事柄でも、社会の全体に対して、あるいは、多数に対して有害なものは悪となし、一個人に対しては有害なものでも、社会の全体に対して有利なものは善となす、というように、社会的の標準から、社会の生存に対する利害関係によってその価値を判断して善悪の二種となし、もって、個人的の標準によって判断するところの利害と区別をしているようであります。

そこで、郷土観察としては、この事物は社会に対して善なものであるか、悪なものであるかというように、われわれ〔の〕生活に対する関係を見いだして、子どもに知らすることが必要であろう、と思います。

要するに、郷土要素の着眼点として、われわれの攻究すべきことは、以上の三様六種に分類すれば、大概は尽くせり、と信じます。ゆえに、郷土要素の一つ一つ、もしくは、全体に向かって、以上の三様の尺度をもって対し、この尺度によって分類し、その価値を判断して、われわれの注意力を分配させたならば、適当であろうと思います。」〔『全集・第三巻』、九八～一〇一頁〕

【10】五　智育偏重の実は、いかん。（九〇頁）

牧口は、一三点にわたって、当時の教育状況に関する所見を述べている。本書八九～九〇頁のテキスト「知育偏重論議批判」は、その第五・第六の項目に該当し、本書一二七～一二八頁のテキスト「実際的教育の必要性」は、その第二・第三・第四の項目に相当するものである。

よって、ここでは、残りの項目について、その内容を紹介しておきたいと思う。

「一　まず、国家社会が教育に対していかほどの力を注ぎつつあるかを見るに、教育の尊重は国民の生活力に超過する程度であるにかかわらず、その能率がこれに添っておらぬ、と断言せざるを得ぬ。

1 教育費の膨張は、国家も府県も市町村も家庭も——総称して社会という——総計すると、莫大の巨額に達している。その効果はいかん。

2 学校の卒業生は総量において、社会生活の需用に応じているか否か。就職難・生活難として顕れ、滔々として高等遊民のみが増加していくは、社会の脅威ではないか。その原因はいかん。

……（中略）……

七 感情陶冶という名によって昔から唱えられている鑑賞教育——主として美育教育についても、何らの定見が、いまだない。その鼓吹は、古いことでありながら、暗中模索で、不安の状態を脱し得ない。

以上は、教育事業の目的に対しての明瞭なる意識を欠くからの欠陥で、したがって、それから生ずる方法上の欠乏は、当然であろう。

八 教育の為政者も、その実際者も、事業の目的観についての明瞭なる意識を欠くがために、適確なる方案も立たず、完全なる実現もできぬ。新教育を施して六十余年、今なお暗中模索の状態にあって、今日の行き詰まりを来したのではないか。ゆえに、これが計画者も為政者も、はた、実際者も、ともに、教育系統全体に首尾貫徹した見解をもってこれにあたらねばならぬ。

九　教員の養成および検定制度の不備なるがため、教員にその人を得ず、たまたま得ても、優良教員は、おそかれ早かれ、他に転退してしまう。

一〇　教員の採用・登用に一定の標準なく、行政官の手加減に一任するがために、情実の弊に堪えぬ。

一一　教員の監督指導についても、何らの定見がない。文官と同様、かつ、程度を超越したる行政権の干渉・圧迫を加える結果、教育者の自発的の意気を沮喪せしめ、教育の最低限の能率しか発揮せしめない。

一二　以上の各方面の教育政策についていまだ確立せるものなく、また、これが確立を審議すべき機関も、いまだ完備しないこと。

一三　教育政策確立の源をなす、教育方法上の研究および実証の機関も無いこと。」

〔『全集・第六巻』、一八八〜一九二頁〕

第三章

【11】教育も、終局においては、最高なる宗教の力にもとづかねばならぬのであろう（一二五頁）

昭和七年（一九三二）七月の『体系・第三巻』とは趣を異にして、昭和九年（一九三四）六月に出版された『体系・第四巻』のなかでは、日蓮大聖人の仏法と創価教育学との関係が、はっきりと表明されることになる。

「教育技術といい、また、教育法というただけでは……多少の誤解を生ずる恐れがある。よって、むしろ、『教育道』として、学と術と人格との渾一体を表するをもって、適当と信ずる。……しからば、そのいわゆる教育道の内容はいかん。教育についての信・行・学の三大要素の統合渾一である。人格の中心たる人生最高の目的観念の確立に必要なる正法〔日蓮大聖人の仏法〕の信仰と、教育方法の実習および熟練と、これが理解・説明に欠くべからざる教育学との、渾然たる統一が、すなわち、それである。」〔『全集・第六巻』、四四六頁〕

そして、翌昭和一〇年（一九三五）春ごろに発表された『創価教育学体系梗概』の「結語＝法華経と創価教育（著者の辞）」においては、次のような文言を見いだすことができる。

「要するに、創価教育学の思想体系の根底が、法華経の肝心にあると断言しうるに至ったことは、余の無上幸栄とするところで、したがって、日本のみならず世界に向かって、その法によらざれば真の教育改良は不可能であると断言してはばからぬ、と確信するに至ったのである。」〔『全集・第八巻』、四一〇～四一一頁〕

「『南無妙法蓮華経』と創価教育学の合法的教育法とが、われわれの生活において、総別の関係、本末の関係、全体と部分の関係において、不二一体であることが首肯される」〔『全集・第八巻』、四一二頁〕

さらに、昭和一二年（一九三七）九月に著された『創価教育法の科学的超宗教的実験証明』のなかでは、「教育革命」の基となる「宗教革命」の必須不可欠性が宣言せられるようになるのである。

「宗教革命を教育者はまずもって断行し、人生最大の目的と、これが達成法を教え、最上幸福の生活に導く教育原理を確立すべきこと」〔『全集・第八巻』、三四頁〕

「仏教の極意〔南無妙法蓮華経〕にもとづかざれば、創価教育法の真の信用は成り立たず、これによらざれば、教育の革新はとうていできず。しからば、千百の会議を重ねても、世界平和の実現等はとうていできない、と信ずるからである。」〔『全集・第八巻』、

八七頁〕

「創価教育法の実験証明が、この信仰〔日蓮大聖人の仏法〕にもとづいたために、はじめて完成された」〔『全集・第八巻』、九〇頁〕

【12】知識すること、および、価値創造の指導を教育の主眼となし（一三三頁）

「創価教育思想」の真髄は、「真理の認識」（知識する）と「価値の創造」（創価する）という、対概念のなかに凝縮されている。この点について、詳しくは、斎藤正二著『牧口常三郎の思想』（第三文明社、二〇一〇）の「第一部創価教育学の基礎理念」・「第一章創価教育学の理念」・「第一節『価値創造』は人類普遍の科学的真理」（同書、一三～二三頁）を、参照していただきたい。

さて、「真理の認識」と「価値の創造」は、『体系・第一巻』に先立って、昭和五年（一九三〇）春ごろに発表された『創価教育学大系概論』のなかで、はじめて体系的に論述されている。しかも、そこでは、何よりもまず、教育の目的を明確化するための、普遍的な原理として提示されているのである。

「知識の構成と価値の生産とは教育の二大目的で、しかも、前者は後者の手段として存在するも、さらに、幸福生活なる究極理想に、右の二大目的は包容帰入せられる。

知識の構成のために、直観的学習指導が従来の教授法に代わって高唱されねばならぬし、その指導は、科学の発見・発明の過程を踏ましめるを要する。価値生産のためには、応用科学が自然現象と社会現象とに加えられねばならぬ。

かくして、吾人は、教育の目的を左のごとく表現するをもって妥当なものと信ずる。

一、真理の認識	直観的認識	実在	幸福生活
	理解的認識	意味	
	評価的認識	価値	
一、価値の創造	利的経済的価値創造		
	善的道徳的価値創造		
	美的芸術的価値創造		

真理の認識と価値の創造というも、価値の創造をもって外顕創造とすれば、これに対して、観念や概念や法則等の内心における構造作用は、内潜創造というて差し支えあるまい。

幸福によって包括される右の目的を達するための能力を意味する、人格価値の涵養をもって、教育の最高目的と信ずる。

右のごとき内潜・外顕の創造能力の発達せる価値ある人格の養成については、教育者の意識的・計画的なる実行によって被教育者のなす無意識的生活を指導して、意識的、計画的生活、知行合一の生活、全人的生活にまで到らしむるをもって、教育の方法上の原理とすることを要す。」〔『全集・第八巻』、一六七～一六八頁〕

教育の究極的な理想は、「幸福生活」にほかならない。言い換えれば、子どもたちが、それぞれに、自分の力で、自分らしく、「人生の幸福」を勝ち取っていくことにある。そのために、教育は、二つの大きな目的を達成することが必要になってくる。それが、「真理の認識」（知識の構成）と「価値の創造」（価値の生産）なのである。

「真理の認識」とは、知識を正しく学んで興味をどんどんふくらませながら、真実を見きわめる力を養うこと。また、「価値の創造」とは、よりよい生活をおくるため、社会のなかに「利・善・美」（後には、「美・利・善」と改められた）の要素を生産・増殖させていく、ということ。要するに、教育とは、子どもたちがそれら両者の働きを円滑になしうるように、かたわらから援助・指導していく作用なのである。

人間は、いわば、求心力と遠心力とを有している。すなわち、真理を探究していく内面に迫るベクトルと、価値を生み出す外面へ広がるベクトルの、二つの異なった志向性を本来的にもっているのである。

「創価教育思想」は、これら二つの働きを、あたかも車の両輪のごとくに位置づける。牧口は、前者を「内潜創造」と表現し、後者を「外顕創造」と言いあてて、それら両者を一体不二なるものととらえているのである。

しかも、この一対の概念は、「学ぶ」と「生きる」、あるいは、「生活の学問化」と「学問の生活化」、とパラレルな関係にある。つまり、それらは、「創価教育思想」が体している「生活と学問の一体化」という統一的なテーマの、まさに土台となっているわけである。

ところが、なぜかしら、『体系』（全四巻）のなかでは、「真理の認識」と「価値の創造」の対概念について、直接的に触れられることがなかった。それゆえ、残念ながら、この点に関しては、従来、ほとんど注目されてこなかったのである。

【13】幸福実現の指導を目的とする教育（一五三頁）

幸福生活を勝ち取るための指導のかなめは、「個性の尊重」にあるか、はたまた、「社会性の開発」にあるのか。牧口は、昭和初年の時点で、この問題について、はっきりと決着をつけている。彼は、画一打破を唱える近来の「個性尊重論」が虚妄な観念にもとづくものであり、それよりも、むしろ、「一般性の伸長」をはかることの方が焦眉の問題である、というのである。

「近来あまりに持てはやされる個性尊重論は、厳誡せねばならない虚妄概念で、厳密なる科学的検討を要する。

……（中略）……

個性尊重、画一打破とは、新しい教育の唯一の標語のごとくに響いて、いわゆる新人には無条件に謳歌されているのであるが、想いひとたび、その程度の問題に進んでくると、しかく無造作に心酔するわけにはいかない。

……（中略）……

個性尊重といえば、いかにも、人間の価値の尊厳を冒さないような気がするには相違あるまい。が、教師と児童とは相知る能わざる秘密の個性体の交渉であるから、教育それ自身がすでに不尊重であることの矛盾の論理に陥ることを、まずもって考えなければならぬ。

……（中略）……

個性でない共通性、もしくは、一般性があるものか。一般性または共通性ならぬ個性はあるか。もし、この問いに答えることを躊躇するならば、余は、もう少し方向を換えて観察してみよう。個性を人間性以外に求むることができるか。人間性以外に個性がもしあったとしたら、大変ではないか。

……（中略）……

要するに、いかに尊重するべき個性でも、人類性の外に求め能わずとすれば、しかして、いやしくも人類たるを脱し得ず、人類としての資格あるを主張し、人間の仲間なりという自覚あり、自負心を失わざる以上、人間性以内に求むべきはずで、すべての人間通有の一般性または共通性のことではないか。しからば、個性とは人類の内に求むべく、人類の内に求むるとすれば、共通性と同じでないであろうか。

……（中略）……

個性尊重の当面の問題は、いかにして個性を持たせんかのそれよりは、いかにしてそれの伸長をはからんかにあって、区々たる小出来・不出来にとどまらず、人間全体性の発展方法を見いだすことが、はるかに緊急である。全体にわたった方法さえも解らず、何もかも模索の状態にあるものに向かって、個別的の方法などを要求するのは、建築をするに、上層からはじめて下層に及ぼそうとするがごときものである。要するに、今の教育者には、まだ、個性の尊重など緻密なる問題をいう資格はなく、それよりもまず、根柢たり本幹たる一般性伸長の普遍的方法を見いだすことが焦眉の緊急問題である。根幹ができあがって後にこそ、枝葉の問題が議せらるべきである。」〔『全集・第六巻』、二六四〜二七五頁参照〕

たしかに、教育は、「個性の尊重」のうえに成り立つものである。しかしながら、「個性の伸長」は、「豊かな社会性（一般性）」が開発されて、はじめて可能になってくる。周囲の人々と、ともどもに、なかよく・たのしく生きる人こそが、本当の意味で自分らしく生きている人にほかならない。教育の成否は、そのような本格派の人材を、陸続と輩出しうるかどうかにかかっているのである。

【14】学校は各々の家庭の延長であり、われらが国家の縮小なるがゆえに（一六四頁）

たとえば、デューイは、『学校と社会』（一八九九）において、次のように主張する。

「学校はいまや、たんに将来いとなまれるべき或る種の生活にたいして抽象的な、迂遠な関係をもつ学科を学ぶ場所であるのではなしに、生活とむすびつき、そこで子どもが生活を指導されることによって学ぶところの子どもの住みかとなる機会をもつ。学校は小型の社会、胎芽的な社会となることになる。これが根本的なことであって、このこと

から継続的な、秩序ある教育の流れが生ずる。」〔宮原誠一訳〕『学校と社会』、岩波文庫、二〇〇五、改版、三二頁〕

また、デュルケムは、『道徳教育論』（一九二五）のなかで、以下のごとき考察を、展開しているのである。

「じっさい、いかなる制度といえども、社会制度の相似物ならざるものは、おそらくひとつとして存在しない。教育制度は、社会制度の主要な諸特質を、一つの要約として、いわば縮図のかたちで再現しているのである。……学校生活が社会生活の萌芽にほかならず、また、社会生活が学校生活の延長であり、その開花にほかならない……それゆえ、社会制度の科学である社会学は、よくその期待にこたえて、教育制度がいかなるものであるかを理解し、また、教育制度がいかにあるべきかを推測するための一助となることができるのだ。われわれは、社会を知れば知るほど、学校というひとつの小社会において生起するところのすべてを、よりいっそう深く理解することができるのである。」〔麻生誠・山村健訳〕『道徳教育論1』明治図書、一九六四、二九〜三〇頁〕

【15】教育の学（一六四頁）

原著者は、何ゆえに、「教育学」ではなく、あえて「教育の学」としたのか。このことについて確定的な解釈を加えることはできないが、その糸口は、ひょっとすると、牧口の畏友であった田辺寿利の論文「ソシオロジスムの教育学説――デュルケムの教育論――」（一九二六）のなかに、見いだしうるのではないだろうか。

「デュルケムの教育学説は、我国に於いて余り知られていない。教育学者達が年々外国より輸入するいわゆる新学説の中にも、殆んどデュルケムの学説は入っていないようである。恐らくこれは、我国の教育学者がデュルケムと言えば単にいわゆる社会学者であるとして特に彼に留意しなかったことと、デュルケムが教育に関する纏った著述を生前に公刊しなかったこととによるのであろう。しかしながら、彼が最初ボルドー大学の講壇に立った時より、パリー大学に来って終に歿するまで、その講義の三分の一乃至二は教育学に関するものであった。殊に一九〇二年ソルボンヌに来るや、彼の与えられた講座は教育の学（la science de l'éducation）のそれであったのである。

しかしながら彼のいわゆる教育の学なるものは、従来の教育学（pédagogie）とは全く異なるものである。後に述ぶるが如くデュルケムは pédagogie をば純粋の科学と見ず、純粋の科学として成立するものは la science de l'éducation であると考えていたのである。」（『田辺寿利著作集・第三巻――デュルケム社会学研究――』未來社、一九八八、一三

九～一四〇頁〕

「既に定義せる如く、あらゆる教育は、若き世代を秩序的に社会化するという一事に於いて常に同一種の事実であり、従って同一の論理的範疇に属するものである。故に教育を対象とする一の科学が存しうる。デュルケムはこの科学を、教育の学即ち science de l'éducation と呼んでいるのである。デュルケムは更に、この学即ち教育の学が考究すべき二群の問題を示している。その一は教育組織の発成に関するものであり、他の一は教育組織の運用に関するものである。これら一切の研究に於いて問題となるものは、現在もしくは過去の諸事物を記述すること、それらの事物の諸原因を尋求すること、またそれらの事物の結果を決定することである。教育の学は、かくて純粋の科学として成立するのである。

しかしながらここに問題となることは、デュルケムがかく決定した教育の学なるものは、社会学及び従来の教育学（pédagogie）と如何なる関係にあるかということである。

先ず教育の学と社会学との関係に就いて述べる。……教育の学は社会学の一部門と考えられていたようである。……従って我々は、教育の学を教育社会学と呼んで差支ないと考える。……余自身としてはデュルケムの science de l'éducation と同じものを教育社会学と呼びたいのである。
しからば次に従来の pédagogie と science de l'éducation とは如何なる関係にあるか。デュルケムは明白に言っている。曰く。『pédagogie と science de l'éducation とは、全く別箇のものである』と。デュルケムによれば、pédagogie は純粋の科学ではない。それは単に心理学、教育の学、及び社会学の他の諸部門の研究の結果を借り来って理論化し、これを以て実際教授上の指導をなすものである。即ちそれは純粋の科学と教授上の技術との中間に立つものである。デュルケムは教育学をば実践理論（théorie pratique）の一種と見ている。教育学は、諸多の教育組織を科学的に研究するものでは決してない、ただ教育者の活動に於いて彼を指導する諸観念を供給せんが為に教育組織を考慮するだけである。故にもし教育学を強いて科学と呼びたいならば、実践的科学（science pratique）と称すべきである。従って教育学と教育の学との関係は、応用化学と純粋化学との関係の如きものとなるのである。」〔同上、一四七〜一四九頁〕
なお、「教育の学」と「教育学」との異同については、古川敦「デュルケムの教育学――《la science de l'éducation》に関する一考察――」〔J-C・フィユー編『デュルケムの教育論』行路社、二〇〇一、二二三〜二五九頁〕を参照していただければ、幸甚である。

【16】教育の官営か民営かの問題（一六七頁）

牧口は、官吏主導の難点に関して、次のように敷衍しているのである。

「官吏をして営利事業を経営させるならば、必ず失敗する。善かれと願うよりは、まずもって、失敗の責任回避を念となして、その地位の安定を得ようという心理状態にもとづいて働いている人間に、鞭撻して、もって、善いことをさせ、利益を挙げしめんとするのは、木に縁って魚を求めるに類するからである。結果の直ちに顕れる物質的の経済事業界では、かようなことは、いうまでもなく、自明の理として避けられている。しかるに、同性質の創価事業が、教育社会においては、結果を考える遑なしに平然としておこなわれており、だれも怪しむものの無いのは、不思議の至りであるが、これは、その結果が有形の数字には顕れず、かつ、その顕れが数十年の後に来るからであろう。教育事業が、外観はいかにも立派で、子弟の就学の歩合も世界の文明国に比して遜色なきまでに進歩したのに拘わらず、内容の充実が経済事情などの発達に似るべくもなく、しかも、明治教育の失敗が昭和教育のいきづまりにようやく顕れ、その累積の弊害はもはや取り返しがつかず、今に及んで、周章狼狽して、その善後策に腐心し、急ごしらえの学制改革案を持ち出しても間に合わず、すでに犯した失策は仕方なしとして、せめては、向後にかかる失策を持ち越さじとあせりつつも、これに対する名案のなさに、いたずらに空しく脳漿を絞りつつあるのは、畢竟、官吏の監督指導の下に従順なる準官吏たる学校教師が、功を建てるよりは過ちをすまいとして命令どおり遵奉すること、ロボットのごときに起因するのである。しからば、いかにするか。教育は官営に限るという謬見を、思い切って抛棄することである。

ただし、国家の存立上に重大なる教育事業を挙げてまったく民営に放任せよ、というのではもとよりない。物質的の利益配当をなし得ない非営利事業にだれが投資するものがあろうか、であるから、校舎・教員等は国家経営とすべきは、いうまでもない。したがって、管理・監督を国家がなすは当然ではあるが、教育内容上の精神的方面までの干渉・圧迫はこれを撤去して、教育技術者の芸術的気分の自発的創造に一任する趣旨に教育の一切を改造せよ、というのである。

頻々と起こって停止するところを知らぬ学校騒動に対する方案も、この精神から、学校自治権確立のそれと相まって生まれて来なければなるまい。疾病の発生や、火事の起こったように大騒ぎをして鎮圧しつつある学校騒動に対して、われわれの寡聞か、一つのなるほどという対策の見られないのを、遺憾とするものである。」〔『全集・第六巻』、

〔二〇五～二〇六頁〕

主要命題集

国民あっての国家であり、個人あっての社会である。個人の伸長・発展は、やがて、国家社会の繁栄であり、充実であり、拡張であり、これに反して、個人の縮小は、すなわち、国家の衰微であり、勢力の減退である。国家社会は、原素の結合によって栄え、分離によって衰え、解散によって消滅するものである。

〔本書七頁。『全集・第五巻』、一一四頁〕

教育の目的観は、あくまで、被教育者それ自身の幸福という点に、常に定着しておらねばならぬ

〔本書一一頁。『全集・第五巻』、一二一頁〕

被教育者をして幸福なる生活を遂げしめるように指導するのが、教育である。

〔本書一一頁。『全集・第五巻』、一二四頁〕

教育は未来の生活準備ではない。けれども、まったく生活の準備であってはならぬということも、断言はできない。……要するに、児童現在の幸福を顧みずに、かつ、こうして教育しておけばいつかは未来に幸福となるだろうという、不確定の目的を目指して進んではいけない〔のである。〕

〔本書一六頁。『全集・第五巻』、一一八頁〕

教育は、無意識なる社会生活を意識的に、模倣的ないし独断的なる社会生活を計画的・合理的〔な〕社会生活に導くことをもって目的とする〔のである。〕

〔本書二一頁。『全集・第五巻』、一四三頁〕

人格価値のもっとも重要なる要素は、目的観念の等級と〔人格〕統一力の強弱とである、と信ずる。

〔本書四〇頁。『全集・第五巻』、三八四頁〕

人間には、物質を創造する力はない。われわれが創造しうるものは、価値のみである。いわゆる価値ある人格とは、価値創造力の豊かなるものを意味する。この人格の価値を高めんとするのが教育の目的で、この目的を達成する適当な手段を闡明《せんめい》せんとするのが、創価教育学の期するところである。

〔本書五〇頁。『全集・第五巻』、一三頁〕

教育の経済化によって、能率が増進されねばならぬ。これを目標として、教育政策と教育技術の両方面に、今の教育が改革されるならば、教育力（教授力・学習力・経費・時間等）は少なくとも半減されるはず、と信ずる。

〔本書五四頁。『全集・第五巻』、五頁〕

小学校より大学までの学校における学習生活を半日に制限することであるが、これには、能率増進の目的をもって教授法の改革をはかり、従来の一日分を半日で修めしめることを前提とする。余が創価教育学は、主として、これがための研究で、その完成のうえは、優に半日をもって一日分の能率を挙げうることを確信するものである。

〔本書六八～六九頁。『全集・第六巻』、二〇九頁〕

〔教育は、〕左のごとく系統的になすを適当とする。

体育――体育――体育
智育｛利育――利育
　　　　――――徳育　｝価値創造教育
　　　美育――美育
　　　｛智　育

／／……智・徳・体の三育併立の説を、不合理とし、身心両面の生活を基《もとい》とした智・体両者の並行を主張するのである。まず、体育と智育、もしくは、心育とに区別され、智育は、その価値的目的から、右の利育・徳育・美育の三育に区別される。

〔本書八四～八五頁。『全集・第五巻』、一〇〇～一〇一頁〕

今の教育の欠陥は、智育の過重というよりは、智育の方法を過った、詰め込み主義に陥っているために、実際は、智育偏軽という反対の弊に陥っている、といわねばならぬ。／智育の偏重呼ばわりは、直ちに、徳育の偏軽を思わせるが、これも決して偏軽ではない。／先覚者も為政者も、何の時代でも、非常に徳育を喧《やか》ましくいっているが、惜しいかな、徳育方法を誤ったというよりは、むしろ、徳育法の欠乏する結果、道徳貧弱の国民ができあがっているのである。

〔本書九〇頁。『全集・第六巻』、一九〇～一九一頁〕

何処《どこ》までも、托《たく》せられたかわいい被教育者各自の幸福という大目的を常に眼中において、消極・積極両方面ともに、無理があって〔は〕ならないということは、……諸育に共通の原理である。

〔本書一〇七頁。『全集・第五巻』、一〇六頁〕

社会団体の要素たる被教育者それ自身の幸福とともに、社会全般の幸福のために、価値創造の能力を養成するのが教育の目的であることを容認したる以上、ここに、われわれは、当然、徳育・利育・美育なる三方面の分業的手段を容認せねばならぬ。ただし、この三方面は、一つの人格に統合さるべき三方面に過ぎないもので、一者単独で幸福なる人生に達せらるべきものではない。

〔本書一一二〜一一三頁。『全集・第五巻』、一九六頁〕

教育も、終局においては、最高なる宗教の力にもとづかねばならぬのであろう〔〇〕

〔本書一一二頁。『全集・第六巻』、三五頁〕

人材が国家社会の根柢であるから、教育の改良においても、何よりもまず、機関に充当さるべき人材の改善が基礎にならねばならぬ。富よりも、財産よりも、人材の養成が国家発展の根本義であるということに、ようやく目醒めはじめた日本の社会は、教育の改造においても、何よりもまず、機関の改造から着手しなければならぬことを、覚《さと》らねばならぬ。

〔本書一二三頁。『全集・第六巻』、三六頁〕

知識すること、および、価値創造の指導を教育の主眼となし、学問専攻という片輪の生活をさせずに、学業並行の生活をなさしめつつ、広い意味の教育経済の手段によりてこれが達成を期する〔ことが大事である。〕

〔本書一三一頁。『全集・第六巻』、一九八頁〕

わが邦《くに》の教育制度に大改革を施し、小学より大学校までを通じて半日制度たるを本体とせんとする理由は、何人《なんぴと》もが容易に考えうるであろうところの、経済上の経費節約はいうまでもないが、それ以上に、勤労に堪えるだけの訓練を、少年時代より始めて青年時代に及ぼし、学校と家庭と提携することによって、勤労嗜好の習慣を養成せしめんとするにある。……／／／／半日学校制度提唱の他の一つの理由は、徹底的な実業教育、指導教育に存する。すなわち、社会も渇望し、父兄、本人も希望するのは、将来〔において〕実業社会の生存競争に堪えうるだけの職業的訓練である。

〔本書一三九〜一四二頁。『全集・第六巻』、二一三〜二一五頁〕

人間は、個体の完成によってのみでは、幸福の生活は遂げられぬ。共同生活団体の一員としてのみ生活が可能であるゆえ、その団体の完成によってはじめて、幸福の目的が達成される。されば、幸福実現の指導を目的とする教育においては、まずもって、所属の社会に順応するだけの生活力を得〔せ〕しめるとともに、さらに進んで、社会の完成に努力しうるだけの能力の涵養《かんよう》までを指導しなければならぬ。／今の教育体系のすべてにわたっての重大なる欠陥は、この高い目的たる社会生活の意識的な遂行に対して、何らの系統的な施設がされていないことである。

〔本書一四八頁。『全集・第六巻』、三七四頁〕

良いにもせよ、悪いにもせよ、学校を真にわがものとし、日常家事の延長と心得て、関係もし理解もし、単に学用品の世話ばかりでなく、今一歩進んで教育の内容にまで立ち入り、成績の良否やその原因の探究にまで踏み込み、推奨もし督励もするようになってこそ、はじめて教育の実《じつ》は挙がるのである。さもなくて、いかにして教育の効果を助長し得ようか。家庭生活費の大部分を占めている教育の効果に対して、これは、文化人として、当然の権利であり義務である。

〔本書一五九頁。『全集・第六巻』、一六〇頁〕

学校は各々の家庭の延長であり、われらが国家の縮小なるがゆえに、愛児の将来のためにも、出資租税の効果見定めのためにも、父兄保護者は、当然の権利であり、義務であるとして、遠慮なく学校を見舞うことが必要である。これは、他事ではなく、自己家政の一部と見なすべきである。果たして、しからば、これと同時に、教育の学は、育児・衛生・料理・裁縫等と同様、今後の父母の重要な常識の一部とならねばならぬことを、覚悟せねばならぬ。

〔本書一六一頁。『全集・第六巻』、一六一頁〕

教育制度ないし学制改革案を議するにあたって、根柢に横たわっている重要なることは、教育の官営か民営かの問題、すなわち、学校経営者の主従を官民のいずれにするか、ということである。／……この場合における判定の指導原理として、われわれの忘るべからざることは、国家の生活に障害となるような、不完全ないし弊害あるものこそは干渉・督励を要するが、善良に進歩した民営を制限する必要は毫《ごう》もないのみならず、進んで奨励すべし、というのである。

〔本書一六五〜一六六頁。『全集・第六巻』、二〇三〜二〇四頁〕

【編者紹介】
古川　敦（ふるかわ　あつし）
1954年生まれ
元・香川短期大学教授
著　書　『デュルケムによる〈教育の歴史社会学〉』（行路社、1996年）
　　　　『幸福に生きるために――牧口常三郎の目指したもの』（第三文明社、2001年）
　　　　『牧口常三郎と創価教育学』（論創社、2009年）
編　書　『創価教育学大系概論』（第三文明社、レグルス文庫、1997年）
　　　　『牧口常三郎の教師論』（論創社、2010年）
訳　書　『デュルケムの教育論』（行路社、2001年）

牧口常三郎《まきぐちつねさぶろう》の教育思想《きょういくしそう》

2012年3月16日　初版第1刷印刷
2012年3月18日　初版第1刷発行

編　者　古川　敦
発行者　森下紀夫
発行所　論 創 社
東京都千代田区神田神保町 2-23　北井ビル
tel. 03（3264）5254　fax. 03（3264）5232　web. http://www.ronso.co.jp/
振替口座　00160-1-155266
装幀／佐藤俊男
印刷・製本／中央精版印刷　組版／フレックスアート
ISBN978-4-8460-1134-5　